______________________ 님께

이 책을 드립니다.

우리 남편이 달라졌어요!

(아내)

참 잘했어요!

고마워요!

미안해요!

사랑해요!

부부의 행복편지

우리 남편이 달라졌어요!
(아내)

이성만 ♥ 김인자
부부 지음

한솜미디어

“무슨 남자가 그래요? 도무지 말이 통해야죠.”

“말도 말아요, 얼마나 답답한지…. 차라리 벽 보고 이야기하는 게 낫지!”

“여자들은 무슨 말이 그렇게 많아요? 어디 좋은 방법 없을까요?”

“마누라의 지긋지긋한 잔소리를 어떻게 하면 좋을까요?”

이것은 우리가 만나는 사람들로부터 자주 듣는 질문이다.

이야기를 듣다 보면 참으로 답답하고 안타깝다. 그렇다면 결혼 전에는 아무런 문제가 없었는데 결혼 후에 달라졌다는 말인가?

사실 배우자에게 달라진 것은 아무것도 없다. 오직 달라진 거라곤 바라보는 내 마음뿐이다.

그때는 말이 없고 과묵하던 남자가 믿음직하게 보여서 너무 좋았는데, 결혼해 살아 보니 답답해서 견딜 수가 없더란다. 물론 연애할 때는 말을 잘하는 여자가 재미있고 애교로 느껴져서 참 좋았는데, 결혼하고 나니 그게 모두 잔소리로만 들리더란다.

이렇게 이야기를 나누다 보면 갈등이나 어려움이 없는 부부가 없다.

남자 분이 너무나 근사해 보여서 "멋진 남편하고 사시니 얼마나 좋으세요?"라고 이야기하면, "한번 살아 볼래요?"라고 서슴없이 내뱉는다.

이래서 부부 사이의 일은 부부밖에 모른다고 하는 모양이다.

우리는 누구나 훌륭한 남편, 훌륭한 아내가 되어 행복한 가정을 만들고 싶어 한다. 하지만 아무리 노력해도 배우자의 도움 없이 혼자의 힘으로는 절대 불가능하다.

부부는 복식경기에 출전하는 선수와 같다. 개인의 능력이 아무리 뛰어나더라도 상대방과 호흡을 맞추지 못하면 결과는 보나마나 뻔하다.

'부부 리더십'은 자신이 먼저 훌륭한 배우자가 되기 위해 노력하는 것은 물론, 상대방도 훌륭한 동반자가 될 수 있도록 도와주는 지혜를 의미한다.

우리 부부는 강의나 상담을 통해서 만나는 사람들에게는 직접 '부부 리더십'을 향상시킬 수 있는 방법을 전했다. 하지만 보다 많은 이들에게 '부부 리더십'을 전파할 수 있는 방법을 고민해 왔다.

그러다 열심히 살아가는 부부들과 우리 부부가 직접 경험한 이야기를 '참고미사부부의 행복편지'라는 이름으로 매주 월요일에 인연이 닿는 30,000여 명과 함께 나누고 있다. 행복편지를 받은 부부들은 자신들이 실제 경험한 내용이어서 마음 깊이 공감되었다며 꼭 한번 실천해 봐야겠다고 했다. 또한 많은 사람들이 본인의 경험담을 보내 주면서 함께 참여하고 있다.

'우리 남편(아내)이 달라졌어요!'는 그동안 나누었던 '참고미사부부의 행복편지'에서 추리고 다듬은 내용으로 엮었으며, 배우자를 변화시킬 수 있는 지혜가 가득 담겨 있다.

그런데 이상한 일은 아무리 배우자를 변화시키려고 노력해도 바위산처럼 꿈쩍도 않다가 내가 달라지니까 어느새 배우자도 달라졌다고 하는 분들이 많았다.

여기에 모아 놓은 지혜들로 인해 나와 배우자가 멋지게 변화되어 행복한 가정을 만드는 씨앗이 되리라 믿는다.

그동안 마음고생하며 가슴 아파했던 시간들을 극복하고 감동적인 사연들을 보내 주신 모든 분들께 다시 한번 감사드린다. (그리고 여기에 나오는 분들의 이름은 본인이 동의한 것 외에는 전부 가명임을 밝혀 둔다.)

행복한 가정은 바로 나의 경쟁력이자 가족의 경쟁력이다.
아울러 내 직장과 우리나라의 경쟁력이다!

모두가 행복하기를 기원하면서…
이성만 · 김인자 부부

목차

Part 2. 아내가 달라졌어요!

Part 3. 살아가는 이야기

부 록. 요요현상 없는 다이어트

Part. 1

남편이 달라졌어요!

살다 보면 누구나 어렵고 힘든 일이 생긴다.
그러나 그 짐을 모두 혼자 지고 갈 수는 없다.
배우자와 나눈다면 고통과 걱정은 절반으로 줄어들고
그 대신 세상에서 가장 든든한 응원군을 얻게 된다.

참·고·미·사·부·부·의·행·복·편·지

행복편지 · 01

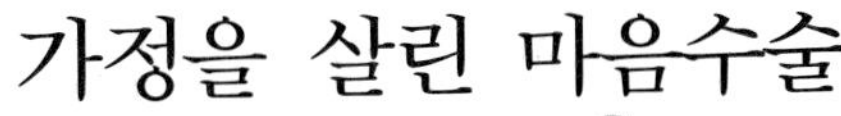

가정을 살린 마음수술

정인호 사장은 결혼 후 집안일만 하느라 고생한 아내가 다시 공부할 수 있도록 도와주었다. 아내는 고등학교 졸업 후 가정형편 때문에 대학에 진학하지 못하고 직장에 다녔다. 학비를 벌어서 대학에 진학하기 위해서였다. 그렇게 직장생활을 하던 중 정 사장을 만나 덜컹 결혼해 버렸다. 당시 정 사장은 아내에게 결혼 후에는 꼭 대학공부를 시켜 주겠다고 약속했었다.

그런데 결혼하자마자 아이가 생겨서 아내는 어쩔 수 없이 집안 살림을 하며 지낼 수밖에 없었다. 하지만 마음속에는 늘 대학에 진학하고 싶은 욕망을 간직하고 있었다. 그러는 사이에 막내가 어느 정도 크자 아내는 다시 공부에 도전하게 되었다.

남편과 가족들의 열렬한 성원에 힘입은 아내는 그렇게 하고 싶었던 공부에 온갖 열정을 다 쏟았고, 그런 노력 덕분에 경영대학에 합격할 수 있었다. 대학에서도 열심히 공부하여 졸업 전에 공인회계사시험에 합격한 후 회계전문회사에 취직되었다. 그렇게 공부하는 동안 집안 살림이며 아이들 키우는 일은 모두 어머니가 맡았다. 물론 정 사장과 자녀들의 어려움도 이만저만이 아니었지만 아내의 꿈이 이루어질 때까지 온 가족들은 참고 기다려 주었다. 그런데 기대와는 달리 아내는 회사 일에 매달리느라 가족들을 위해 많은 노력을 기울이지 못했다. 그러다 보니 정 사장은 아내와 자주 싸우게 되었고, 갈등의 골은 점점 깊어지게 되었다.

정 사장은 더 이상 참고 살 수가 없어서 아내와의 결혼생활을 정리하기로 마음먹었다. 하지만 아직 7살인 막내딸이 눈에 밟혔다. 어떻게든 어린 딸을 이해시키려고 애쓰다 하루는 집 근처에 있는 공원으로 딸과 함께 산책을 나갔다.

조심스럽게 "아빠와 엄마가 헤어지려고 하는데…"라며 말을 꺼냈다.

그러자 딸은 그동안 아빠 엄마가 자주 싸우는 것을 보아온 터라 울먹이며 말했다.

"아빠 엄마를 수술해 주고 싶었는데!"

정 사장은 깜짝 놀라며 딸에게 물었다.

"무슨 수술을 해 주고 싶은데?"

"마음수술!"

그 순간 뒤통수를 망치로 한 대 맞은 것처럼 정신이 번쩍 들었다. 그런 딸아이에게 더 이상 아무 말도 꺼낼 수가 없었다. 집에 돌아와서도 내내 '마음수술을 해 주고 싶다'던 딸아이의 말이 머릿속을 떠나지 않았다.

'가화만사성'이란 말도 떠올랐다. 그동안 가족들에게 잘한다고

생각했는데 아내와의 관계도 제대로 풀지 못하는 자신이 너무나 한심스러웠다. 아직 어려서 아무것도 모를 줄 알았던 어린 딸까지 저런 생각을 하고 있었는데 아빠로서 너무나 창피스럽고 미안한 마음이 들었다.

'그래, 딸아이가 저렇게 말하는데 내 스스로 마음수술을 한번 해 보자'라는 생각이 들었다.

그 순간 아내의 모습이 떠올랐다.

'아내는 정말 가족보다 자신의 일이 더 좋을까? 가정보다 회사가 정말 더 소중할까?'

그러나 그동안 아내의 입장을 생각해 보지도 않고 불평하고 비난만 했던 게 부끄러웠다. 아내는 누구에게든 지기 싫어했고 항상 열정이 넘치는 사람이었다. 더구나 뒤늦게 시작한 일이라 회사에서 얼마나 인정을 받고 싶었을까?

그런 아내를 도와주지는 못할망정 쪽박은 깨뜨리지 말아야 하는데 오히려 짜증내고 비난만 했으니 얼마나 힘들었을까? 아내도 집안일과 가족들에게 마음이 없어서가 아니라 뭐든지 잘하고 싶었을 것이다. 하지만 가장 가까운 남편으로부터 응원을 못 받았으니 얼마나 힘들었을까 싶었다.

그런 생각에 미치자 정 사장은 자신이 너무나 못난 남편인 것처럼 느껴졌다.

그래서 정 사장은 그날 저녁에 자신과 굳은 약속을 했다.

'아내를 비난하고 싶을 때면 먼저 입장을 바꾸어서 한번 생각해 보자.'

이렇게 마음을 먹으니 아내가 충분히 이해되었다. 돌이켜 생각해 보면 별일 아닌데도 늘 불평하고 화부터 내었으니….

그 다음날부터 정 사장은 먼저 아내에게 손을 내밀며 다가갔다. 처음에는 손 내미는 자신도 어색하고, 아내도 의아해했지만 변함없는 정성에 아내도 조금씩 달라졌다.

이렇게 딸아이의 말처럼 마음을 바꾸는 수술을 하고 나니 아내가 이해되고 편안하게 다가갈 수 있었다. 놀라운 일은 자신이 마음수술을 하고 나니 아내도 마음수술을 한 것 같았다. 냉랭하고 웃음이라곤 없던 집안 분위기도 달라졌다.

정 사장은 참으로 딸아이가 고마웠다. 그 아이가 '마음수술을 해 주고 싶다'고 얘기하지 않았더라면 어떻게 되었을까 생각하니 끔찍스러웠다.

어느덧 마음수술을 한 지 3년이란 세월이 흘렀다. 이제 아내도 회사생활에 어느 정도 자리를 잡게 되어 가족에게 시간을 많이 할애하고 있다.

가끔 정 사장은 아내와 '마음수술' 이야기를 나누며 웃는다. 그때 어린 딸아이가 가르쳐준 지혜가 너무나 고마웠다. 이래서 세 살 먹은 아이에게도 배울 게 있다고 하는가 보다.

행복편지 · 02

엄마 같은 아내!

우리 부부는 요즘 따로따로 운동하러 간다.

아내는 걷기운동을 하러 공원에 가고, 난 헬스클럽으로 간다. 어쩌다 시간이 맞으면 아내는 공원 가는 길에 헬스클럽 입구까지 동행해 준다. 난 그럴 때가 참 좋다. 마치 어린 시절 엄마와 나들이할 때처럼….

어제 오후엔 헬스클럽 입구에 들어서는데 갑자기 들어가기가 싫었다. 왠지 혼자라는 생각이 들어 돌아가서 아내와 같이 걸으며 얘기를 나누고 싶었다. 하지만 마음 한구석에서 '뭐, 여기까지 와서 그러면 어떡해!'라는 생각이 들어 그만두었다. 썩 내키지는 않았지만 그래도 여느 날처럼 열심히 운동을 했다.

운동을 마치고 집에 들어서는데 아내가 반갑게 맞아 주었지만 왠지 허전했다. 아내와 함께 TV를 보며 저녁을 먹었지만 아무도 없는 집에 혼자 있을 때처럼 쓸쓸했다.

그래서 "정서적 욕구가 채워지지 않아 허전해요!"라고 아내에게 말했다.

아내는 "그래서 어떡해요?" 하며 걱정스러워했다.

조금 전에 열심히 걷고 온 아내가 피곤할 것 같아 망설이다 "우리 산책하러 갈까요?"라고 했다.

아내는 정서적 욕구가 충족되지 않는다는 나의 말에 얼른 나가자며 일어섰다.

얼마 전까지만 해도 저녁마다 산책하던 공원으로 오랜만에 아내와 같이 갔다. 함께 걸으니 참 좋았다. 지나가는 사람들이 보기에 뭐가 그리 좋은가 싶을 정도로 나는 싱글벙글했다.

아내는 나에게 왜 정서적 욕구가 충족되지 않는지 조심스럽게 물었다.

예전에는 새벽 5시에 일어나 함께 걷다가 나는 헬스클럽에 가서 또 운동을 했다. 그런데 하루에 운동시간이 너무 많은 것 같아 지난주부터는 아침에 공부하고 오후에 운동하는 것으로 바꾸었다. 그 대신 아내의 운동은 마찬가지로 아침에 혼자 공원에서 걷는 것이다.

그렇게 하니까 이른 아침에 맑은 정신으로 훨씬 공부가 잘 되었다. 하지만 아내와 함께 걷거나 산책하는 시간이 없어졌다.

어제 문득 '꼭 이렇게 운동을 해야 하나?'라는 생각이 들어서 아내에게 물었다.

"며칠 안 있으면 헬스가 끝나는데, 이제 그만 두고 당신하고 같이 걸을까요?"

그러나 결정적인 순간마다 아내는 이성적인 사람이 된다.

아내는 나를 위로하면서도 "그래도 당신은 헬스클럽에서 근력 운동을 하는 게 좋겠어요"라고 했다.

하는 수 없이 아내의 말대로 따라야 할 것 같았다. 하루하루 지날수록 아내의 말이 거의 대부분 옳다는 걸 깨달았기 때문이다. 요즘엔 무슨 일이든지 그 일을 하기 전에 미리 아내에게 물어본다. 그렇게 하니까 많은 지혜와 아이디어를 얻게 된다.

어제 저녁에도 그랬다. 요즘 준비하고 있는 일은 어떻게 하고 있느냐고 아내가 물었다. 내 생각을 얘기했더니 아내는 거기에 '이러면 어떨까' 하면서 몇 가지를 제안했다. 미처 내가 생각하지 못했던 아이디어라서 나는 무척 놀랐다. '산책을 참 잘 나왔구나!' 라는 생각이 들었다.

집에 와서도 내가 샤워하는 동안 아내는 인터넷에서 검색까지 하면서 생각을 모아 주었다. 그런 아내가 참 고마웠다.

아내와 이야기를 나누다 보니 잠자리에 들 무렵 난 어느새 정서적 욕구가 가득 채워졌음을 느꼈다. 엄마 같은 아내이다.

'나한테는 역시 당신이 최고야!'

행복편지 · 03

소통의 날

벤처기업의 임원인 상호 씨는 언제나 금요일 저녁이 기다려진다. 그날은 아내와 데이트 아닌 데이트를 하는 날이기 때문이다.

'오늘은 무슨 이야기를 할까? 이 문제를 어떻게 생각할까?'라고 생각하며 퇴근을 한다. 왜 이런 시간을 좀더 일찍 갖지 못했는지 아쉬움이 들 뿐이다.

불과 두 달 전이었다.

저녁을 먹은 후 우연히 아내와 집 근처에 있는 막걸리 집에 가게 되었다. 아내와 술을 주거니 받거니 하면서 몇 잔을 마셨다. 술이 조금씩 들어가다 보니 맨정신으로는 말하지 못했던 회사에서 있었던 어려움과 스트레스를 자신도 모르게 이야기하게 되었다. 그런데 집안에서 살림하느라 아무것도 모를 줄 알았던 아내가 자신이 미처 생각하지 못했던 것들을 이야기하며 격려해 주었다. 아내한테 참으로 고마웠고, 마음이 얼마나 편안했는지 모른다.

그러면서 아내도 그동안 마음속에 쌓아두었던 이야기를 꺼냈

다. 그 이야기를 듣다 보니 조금은 화도 나고 서운했지만 참으며 들어 보니 한편으로는 이해가 되었다. 그동안 상호 씨는 한눈팔지 않고 가족들을 위해 열심히 일만 해왔다. 그런 자신한테 무슨 불만이 있겠느냐 싶었는데 그게 아니었다.

집안일은 거들떠보지도 않고 또 대화라고는 없는 남편에게 많은 불만이 쌓여 있었다. 아내에게 그렇게 힘든 일이 있는 줄도 모르고 무심히 지냈던 게 너무나 미안했다. 그럼에도 불구하고 내색하지 않고 열심히 살아준 아내가 참으로 고마웠다.

그날 이후 아내는 아무리 바빠도 금요일 저녁만은 둘만의 시간을 갖자고 했다.

지난 10여 년간 상호 씨에게 집은 그저 잠자는 공간에 불과했다. 회사가 잘되어야 가족들도 안정된 생활을 할 수 있다는 생각으로 온통 회사 일에 빠져 있느라 아내와 아이들에게 마음 쓸 겨를이 없었다. 휴가는 물론 아이들과 놀이공원에 가서 한번도 제대로 놀아주지 못했다.

퇴근은 언제나 늦을 수밖에 없었다. 거래처 고객들과 술 마시고 늦게 들어오는 경우가 허다했다. 어쩌다 쉬는 날엔 밀린 잠을 보충하거나 스트레스를 풀기 위해 유일한 취미인 기타를 치느라 가족들과 함께하지 못했다.

그러나 이제 상호 씨는 동반자의 의미를 조금은 알 것 같았다. 비록 일주일 중 하루지만 마음속 이야기를 나누면서 스트레스를 풀 수 있어서 좋고, 또 한주일 동안 어떻게 지냈는지를 알게 되니 서로 이해할 수 있어서 좋았다.

상호 씨 부부는 설레는 마음으로 금요일 저녁을 기다린다.

동의보감에 '不通卽痛 通卽不痛(불통즉통 통즉불통)'이란 내가 좋아하는 말이 있다. '통하지 않으면 아프고, 통하면 아프지 않다'는 뜻으로 우리 몸에 기혈순환이 얼마나 중요한지를 강조한다. 부부 사이에도 이 말이 그대로 적용된다.

부부간의 기혈에 해당하는 것이 바로 소통이요, 대화다. 부부 사이에 말이 통하지 않거나 대화가 없으면 기혈순환이 안 되어 몸이 아픈 것처럼 마음도 몸도 아프다. 그렇게 되면 결혼생활은 힘들어지고 집안은 엄동설한과 같이 얼어붙는다. 그래서 부부 사이에 가장 중요한 것은 소통이다.

그럼에도 우리는 '꼭 말을 해야 아느냐?'며 말하지 않아도 배우자가 내 마음을 알아주기를 바란다. '열 길 물속은 알아도 한 길 사람 속은 모른다'고 했듯이 말하지 않으면 잘 모른다.

또한 자신은 배우자와 대화를 잘한다고 얘기하지만 배우자는 전혀 대화가 안 된다고 하는 경우를 많이 본다. 대화란 말을 잘하는 것이 아니라 상대방의 말을 끝까지 공감하며 잘 들어 주는 것이다. 중간에 끼어들어 해결해 주거나 설득하려 하지 말고, 오직 상대방이 속마음을 드러낼 수 있도록 격려하면서 끝까지 잘 들어 주면 된다.

우리는 일상이 너무나 바쁘다. 배우자와 대화할 시간이 없다고 하는데 시간이 중요한 것은 아니다. 최소한 일주일에 하루만이라도 '소통의 날'로 정해서 서로를 이해하는 시간을 갖는 방법도 참

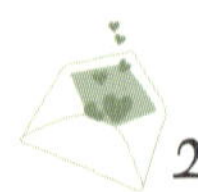

좋다. 또한 이메일이나 문자 메시지를 활용한 소통방법도 바쁘게 살아가는 현대인들에게는 하나의 좋은 수단이 된다. 가장 중요한 것은 배우자와 대화통로가 항시 열려 있느냐이다.

행복편지 • 04

만져야 커지는 사랑

"뭘 그렇게 쳐다봐요?"

"당신 얼굴이 많이 상했네!"

"그게 다 누구 때문인데요? 어지간히 고생시켰어야지!"

"그래 맞아! 내가 당신에게 고생을 너무 시켰지! 미안해, 여보!"

"그런데 왜 얼굴을 자꾸 만지고 그래요. 저리 치워요! 고생시킨 줄을 알기는 아는 모양이죠?"

영철 씨는 새해 첫날 마주 앉은 아내의 얼굴을 오랜만에 자세히 바라보았다. 24년을 살면서도 아내 얼굴을 자세히 들여다본 적이 과연 몇 번이나 있었던가. 얼굴 맞대고 사는 게 부부라지만 건성으로만 보고 산 것 같다. 더구나 얼굴을 만져본 것은 까마득하다.

손에 얼굴이 닿는 순간 '정말 내 아내가 맞나?' 싶을 정도로 낯설게 느껴졌다. 눈송이보다 더 희고 보드랍던 그 얼굴이 어쩌다 이렇게 푸석푸석하게 주름지고 누렇게 변했을까…. 아내가 손을

뿌리쳐서 잠깐밖에 만질 수 없었지만 너무나 미안했다.

결혼할 때만 해도 영철 씨는 아내를 행복하게 해 주겠다고 약속을 했었다. 하지만 회사가 바쁘다는 핑계로 아내와 집안일에 별로 관심을 두지 못했다. 그래도 아내는 불평 한마디 없이 묵묵히 아들 딸 하나씩 낳아 잘 키우고 부모님과 남편의 뒷바라지를 잘해 주었다. 그런 아내 덕분에 회사생활도 잘하고 있고, 가족 모두 건강하게 잘 지내고 있기에 아내에게 정말 고맙고 미안했다.

영철 씨는 아내의 두 손을 꼭 잡았다. 그런데 손도 역시 예전의 그 손이 아니었다.

아내는 처녀 시절에 피부가 유난히 희고 보드라웠는데 지금은 손마디가 굵고 피부도 거칠어졌다. 순간 눈물이 왈칵 나올 것 같았다. 아이들 키우고 남편 뒷바라지하느라 그토록 곱던 손이 이렇게 되다니….

아내는 쑥스러워 손을 빼내려고 했지만 영철 씨는 더욱 꼭 잡았다. 얼굴을 바라보니 아내도 눈가가 촉촉이 젖어 있었다.

영철 씨는 마음속으로 다짐했다. 앞으로는 아내 얼굴을 자주 바라보고 만져야겠다고.

결혼 전만 해도 내 볼을 아내 얼굴에 조금이라도 더 비비고 싶었고, 또 손을 얼마나 만지고 싶어 했던가? 그런데 결혼 후에는 사랑하는 아내 얼굴도 제대로 바라보지 않았고, 손도 거의 만져보지 않았던 것이다.

영철 씨는 새해에는 날마다 아내 얼굴을 바라보며 만지려고 한다. 물론 손도 마찬가지다. 특히 출퇴근할 때는 아내의 두 손을 꼭 잡으며 인사를 나누려고 한다. 아이들이 어렸을 때 눈을 바라보며 웃고 안아주면서 사랑을 키웠듯이 아내와 살결을 부딪치면서 사랑을 키우고 싶다.

우리가 데이트할 때를 한번 떠올려 보자. 그 무더운 한여름 날에도 서로 손을 잡지 않았던가. 또 함께 있을 때는 조금이라도 더 만지거나 피부끼리 닿으려고 얼마나 애를 썼던가.

이처럼 사랑하는 사람은 손이든, 머리든, 목이든 늘 만지고 싶고 또 안고서 키스도 하고 싶다. 그래야 사랑의 감정이 전해지고 정서적 욕구도 충족된다.

그렇기 때문에 배우자가 내 손에, 내 어깨에, 내 머리에, 내 입술에 다가왔을 때는 피하면 안 된다. 하지만 부득이하게 피해야 할 상황이라면 피하더라도 벌처럼 쏘지는 말아야 한다. 아무리 작은 벌이라도 쏘이면 아프고 그 상처도 오래간다.

부부는 살을 섞고 산다고 하지 않는가. 배우자에게 다가가서 만지고 살을 부대껴야만 사랑이 느껴지고 그 사랑이 커질 수 있다.

행복편지 · 05

내 말을 들으면 자다가도 떡이 생기는데…

집 근처에 있는 도서관에 가려고 집을 나서는데 아내가 지갑을 넣으라고 주었다. 지갑을 주머니에 넣으니 불편해서 만 원 한 장만 꺼내고는 책상 위에 놓았다. 아내는 혹시 필요할지 모르니까 가져가라고 했지만 그대로 두었다.

현관문을 나서는데 오늘따라 가방이 무겁고 날씨도 더워서 차로 태워 달라고 아내에게 부탁했다. 차가 언덕길을 올라가는데 갑자기 몇 번이나 덜커덩거렸다. 아내는 "왜 이러지? 이러면 안 되는데…"라며 걱정했다. 나는 대수롭지 않게 그저께도 40여 분 동안이나 계속 그랬다고 했다.

아내는 지금 가장 먼저 해야 할 일은 차를 고치는 일이라며 망설이지 않고 차를 되돌려서 정비업체로 향했다. 이것저것 체크하더니 3~4곳의 부품을 교체해야 한다는데 수리비가 제법 나올 것 같았다. 그래서 당장 운행하는 데 문제가 되지 않는 것은 나중으로 미루고 오늘은 꼭 필요한 부분만 교체할까 했다. 하지만 아내는 이왕 정비하는 거라면 전부 고치는 게 좋겠다고 했다. 얼마 안 있어 또 수리하게 될 텐데, 시간도 비용도 한꺼번에 들이는 게 낫지 않겠느냐는 거였다.

아내 말대로 모두 수리하도록 했지만 당장 비용을 지불할 수가 없었다. 잠깐 태워 주고 온다는 생각으로 아내도 지갑을 가지고 오지 않은 모양이었다. 아내는 웃으며 눈을 흘겼다.

"지갑을 가지고 가라고 했는데도, 내 말을 듣지 않더니…."

하는 수 없이 집에 있는 지갑을 가지러 나서는데 문득 아내가 자주 하던 말이 떠올랐다.

"제 말만 들으면 자다가도 떡이 생길걸요!"

지금까지 도서관에 자주 다녔지만 지갑을 가지고 간 적이 한번도 없었다. 그런데 오늘따라 아내는 왜 지갑을 가지고 가라고 했을까? 참으로 신기했다. 그래서 오늘 차 수리도 아내의 말을 듣고는 한꺼번에 모두 하기로 했다. 앞으로는 아내 말을 잘 들어야겠다는 생각이 들어 혼자 빙긋이 웃었다.

약 1년 전 뉴질랜드에 사는 한 남자가 복권이라도 한 장 사라는 아내의 잔소리를 수도 없이 듣다가 추첨 마감 직전에야 복권을 사게 되었다. 그런데 그 복권이 1등에 당첨되어 무려 58억 원의 상금을 받았다는 기사를 읽었다. 그 남편은 "아내의 잔소리를 듣는 게 그렇게 기분 좋은 일인 줄 몰랐다"며 너스레를 떨었다.

나도 아내의 말을 잘 들어야겠다. 누가 아는가. 혹시 자다가도 떡이 생길지….

행복편지 · 06

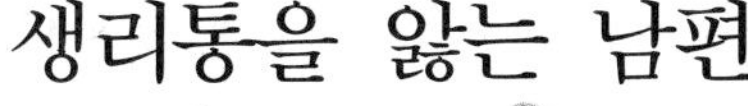

생리통을 앓는 남편

남편은 거의 일 년에 한 번씩 생리통을 앓는다.

어제는 상공회의소 강의를 마치고 집으로 오는 차 안에서 내내 말이 없더니 불쑥 한마디를 건넸다.

"여보, 마음이 왜 이렇게 허하죠?"

드디어 남편이 가을 생리를 시작했나 보다.

어젯밤에는 잠도 많이 설치는 것 같았다. 나이가 들수록 남자들은 더욱더 가을을 지내기가 힘든가 보다.

50대 후반의 남자들에게 강의하면서 들어보면 대부분의 남자들은 남편과 똑같은 증상이 있는 것 같다. 그런 것을 보면 남편도 아주 정상적인 남자임에 틀림없다.

날이 갈수록 남편을 포함해서 각 가정의 가장들을 보면 안쓰럽기 짝이 없다. 오로지 처자식을 먹여 살리기 위해 직장에서 얼마나 힘들게 고생하는지 아내들은 잘 모를 것이다.

요즘 회사와 관공서에 강의를 나가 보면 얼마나 힘든지 알 수 있다. 철저한 위계질서 속에서 이 눈치 저 눈치 보면서 직장생활을 계속하다 보면 50대 후반쯤에는 고개 숙인 남자가 된다. 그러다 퇴직 후 가정으로 돌아오면 가족에게도 별로 환영을 받지 못한다.

남자들은 여자와는 달리 '마음의 생리'를 한다. 아마 정도의 차이는 있지만 특히 늦가을에 심하게 생리통을 앓는 것 같다.

난 조직사회의 위계질서를 보면서 남편에 대한 미안함, 아들에 대한 안쓰러움이 많이 생긴다.

오늘부터 남편이 생리를 빨리 끝낼 수 있도록 모성애를 발동시켜 사랑을 가득 채워줘야겠다.

그리고 가을이 다 가기 전에 남편이 좋아하는 바다여행을 떠나려고 한다. 시원한 바닷가 횟집에서 탁 트인 바다를 바라보며 싱싱한 회를 곁들여 소주라도 한잔 하다 보면 답답한 마음이 조금은 시원해질 것이다.

그런 후 손잡고 백사장을 거닐면서 젊은 시절 어린아이들을 데리고 캠핑 왔던 추억도 돌아보고, 10년 후, 20년 후에 있을 우리의 멋진 황혼여정을 이야기하다 보면 위로가 되지 않을까 싶다. 그리고는 남편이 가장 좋아하는 양희은의 노래 '당신만 있어 준다면'을 피아노로 연주해 줘야겠다.

아마 남편은 이번 생리통도 훌훌 털고 금세 일어서리라.

행복편지 · 07

의심보다는 믿음을

미숙 씨는 결혼 20년 차다.

남편과 함께 조그만 사업을 하면서 오순도순 남부럽지 않게 살고 있었다. 그런데 지난해 말 남편은 느닷없이 기존의 사업을 자신에게 맡겨 두고 새로운 사업을 하겠다고 나섰다. 그러는 남편이 너무도 황당했다.

그날 이후 남편은 젊은 여직원과 둘이서 밤늦게까지 일하느라 퇴근이 매일 늦었다. 그것도 각자 떨어져서 하는 일이 아니라 고객을 만난다며 하루 종일 함께 다니며 보냈다.

그런 남편을 생각하니 왠지 불안하고 걱정이 되었다. 그렇다고 당장 돈을 버는 일도 아니고, 전망이 있는 사업도 아니었다. 다만 지금 하는 일은 육체노동이지만, 그 일은 지적 노동을 하는 업종이라서 품위가 있었다.

미숙 씨는 남편과 함께하던 일을 혼자 하려니 많이 힘에 부쳤다. 거기다 남편이 하루 종일 여직원과 함께 다니면서 무슨 일을 하고 있을지를 생각하니 온 신경이 곤두섰다.

그러다 보니 저녁마다 늦게 들어오는 남편에게 지금까지 뭐하다 이제 들어오느냐며 따지게 되었다. 남편은 시큰둥하게 쳐다만 볼 뿐 대꾸도 하지 않았다. 그럴수록 더욱 앙칼스럽게 따지자 남편은 그렇게 못 믿느냐면서 더 크게 소리쳤다. 자연적으로 자주 싸울 수밖에 없었다. 그러는 사이에 남편은 사무실을 구하고 인테리어 공사를 하느라 많은 돈을 투자했다.

그러던 어느 날 미숙 씨는 남편에 대해 곰곰이 생각해 보았다. 이렇게 남편을 계속 의심하며 몰아붙이면 정말 무슨 일이 일어날지 모른다는 생각이 문득 들었다. 입장을 바꾸어서 생각하니 남편도 뭔가 이루어 보기 위해 많은 노력을 하고 있는 것처럼 보였다.

그때부터 남편이 아무리 늦게 퇴근하더라도 짜증내지 않고 웃으면서 다정하게 맞았다. 때로는 이렇게 밤늦게까지 일하느라 얼마나 고생했느냐며 어깨와 다리를 주물러 주기도 했다. 그리고 웃으면서 상냥한 목소리로 말을 걸었다.

"여보, 오늘 하루 힘들었죠? 점심은 뭘 먹었어요? 바빠도 저녁은 꼭 챙겨 드세요!"

처음에 남편은 웬일이냐는 식으로 힐끗 쳐다보더니 금세 얼굴이 펴지는 것 같았다. 목석같았던 남편은 묻는 말에 조금씩 대답을 하기 시작했다.

얼마 지나지 않아 남편의 퇴근시간이 조금씩 빨라질 뿐만 아니라 묻지 않았는데도 하루 동안 무슨 일을 했는지 모두 이야기해 주었다. 그러면서 처음에는 힘든 일을 맡겨 두고 새로운 일을 하는 것이 미안하여 하루빨리 성과를 내서 인정받으려고 밤늦게까지 뛰어다녔다고 했다. 하지만 날마다 추궁하며 따질 때는 정말 힘들었다는 이야기까지 들려주었다.

미숙 씨는 남편의 이야기를 들으면서 많은 것을 깨달았다. 남편을 궁지로 몰아넣어서는 입을 열지 않을 뿐만 아니라 절대로 마음을 얻지 못한다는 것을.

이왕에 새로 시작한 사업인데 하루빨리 안정되기를 바라면서 미숙 씨는 날마다 남편에게 반드시 할 수 있다는 자신감을 심어주고 용기를 북돋아 주었다.

그렇게 한 지 몇 달이 지나자 남편의 새로운 사업도 서서히 자리가 잡히기 시작했다. 그리고 어색해 보이던 남편의 옷차림도 어느새 멋쟁이처럼 잘 어울렸고 의젓하게 보였다.

미숙 씨는 남편을 통해서 또 한 가지 지혜를 터득했다.

남자들이란 어린아이와 같아서 상냥한 목소리와 부드러운 손길에만 마음을 열었고, 또 믿고 기대하는 대로 이루어진다는 것을….

그리스신화에 피그말리온 이야기가 있다.

피그말리온은 그 당시 가장 훌륭한 조각가였다. 어느 날 멋진 상아로 아름다운 여인상을 조각했는데 얼마나 조각이 아름다웠는지 그만 자신이 조각한 여인상과 사랑에 빠져버렸다.

그는 마치 살아있는 여인을 대하듯 조각상과 날마다 많은 대화를 나누었다. 심지어 식사 때도 옆에 세워 두었고, 잠잘 때도 같이 껴안고 잤다. 피그말리온은 이 조각상이 살아있는 여인이었으면 좋겠다고 간절히 기도했다.

조각상과 더욱 사랑이 깊어진 그는 사랑의 여신인 아프로디테를 찾아가서 이 조각상에 생명을 불어넣어 달라고 간절히 원했다. 피그말리온의 사랑에 감동받은 아프로디테는 마침내 그 조각상에 생명을 불어넣어 주었다. 드디어 피그말리온은 자신이 만든 조각상의 여인과 결혼하여 행복하게 살았다는 이야기다.

심리학에서 말하는 '피그말리온 효과'는 이와 같은 신화에서 출발했다. 누구나 간절히 바라고 믿으면 그대로 이루어진다는 '자성예언효과'가 바로 그것이다.

부부 사이에서도 마찬가지다. 좋은 생각을 하고 믿으면서 간절히 기원할 때 배우자는 기대하는 대로 된다. 반면, 불안한 생각으로 의심하고 따지기만 하면 어떻게 될까?

행복편지 · 08

걱정 나누기

박철민 사장에게는 7년 전 일이 악몽 같았지만 반면에 든든한 지원군을 얻은 계기가 되었다.

박 사장은 직장생활을 하면서 알뜰살뜰 저축한 돈과 주위에서 빌린 20억 원으로 사업을 시작했다. 그런데 6개월 만에 15억 원을 친구에게 사기를 당하고 말았다. 눈앞이 캄캄하여 잠도 오지 않고 밥도 넘어가지 않았다. 아내는 회사에 무슨 일이 있느냐고 물었지만 아무 일도 없다면서 얼버무렸다. 너무 엄청난 일이라 어떻게 해야 좋을지 몰라서 몇 달 동안 일이 손에 잡히지 않았다.

처음 사업을 시작할 때부터 아내는 안정된 회사생활을 그만 두고 왜 앞도 보이지 않는 위험한 곳으로 뛰어드느냐고 말렸었다. 그런데 이제 와서 아내에게 이런 어려움을 말한다는 것은 철석같이 믿고 있는 아내를 실망시키는 일이어서 차마 말할 수가 없었다.

그렇게 2개월 정도 지났지만 박 사장은 도저히 견딜 수가 없어서 아내에게 이야기하기로 마음먹었다. 전화로 저녁을 밖에서 같이 먹자고 했다. 아내는 무슨 일이냐고 물었지만 그동안 고생만 시킨 것 같아서 맛있는 것을 사주고 싶다고 했다.

저녁을 먹은 후 아내가 좋아하는 카페로 옮겨서 맥주를 한잔했다. 눈치 빠른 아내는 "무슨 일이 있죠?"라며 물었다. 그러는 동안에 맥주를 몇 잔 더 마신 아내는 "어려운 일일수록 함께 해결해야 하잖아요"라고 하면서 마치 다 알고 있는 것처럼 이야기할 수 있도록 분위기를 만들어 주었다.

막상 이야기를 꺼내려니 아내가 얼마나 실망할까 싶어 두려웠다. 하지만 한숨을 크게 내쉬고 나서 그동안 있었던 이야기를 모두 털어놓기 시작했다. 그 순간 아내는 넋이 나간 듯하더니 한참 동안 허공을 쳐다보며 눈물을 흘렸다. 아내는 감정을 추스른 후, 그동안 혼자 감당하느라 얼마나 힘들었느냐며 손을 꼭 잡아주었다.

그날 저녁 집에 돌아온 아내는 애들 셋을 어떻게 키우며 살아야 할지 앞이 보이지 않는다며 한없이 울었다. 그 다음날도 아내는 눈이 퉁퉁 붓도록 계속 울기만 했다. 그런 아내를 보면서 박 사장은 괜히 이야기했다는 후회가 밀려왔다. 가장으로서 무능한 자신이 너무나 한심스러워 아내를 쳐다볼 수조차 없었다.

사흘째 되던 날 오후에 아내가 회사로 전화를 했다.

"오늘 당신이 좋아하는 맛있는 삼겹살과 소주를 준비했으니 집에서 저녁을 함께 먹었으면 좋겠어요."

그날도 힘없이 집에 들어서는데 아내가 환하게 웃으며 맞아주는 것이 아닌가. 아내는 술을 한잔 따라주면서 이왕 이렇게 되었으니 지난 일은 모두 잊어버리자고 했다. 어떻게 그 일을 잊을 수

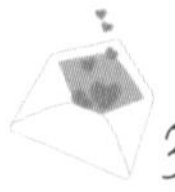

있느냐고 했더니 아내는 오히려 잊어버려야만 앞으로 나아갈 수 있다면서 더 열심히 뛰어서 그 이상 벌면 된다고 했다. 그렇게 격려하며 용기를 주는 아내가 얼마나 고마운지 눈물이 핑 돌았다. 그날 저녁 박 사장은 몇 달 만에 편안하게 잠을 잤다.

그날 이후로 아내는 아침저녁마다 파이팅을 외치며 기운을 불어넣어 주었다. 앞으로는 어떤 어려움이 있더라도 혼자 고민하지 말고 함께 나누자고 당부까지 했다.

아내 덕분에 어려운 고비를 극복한 박 사장은 혼신의 힘을 다하여 3년 만에 사업을 안정국면으로 진입시켰다. 이제 어엿한 중견기업으로까지 성장했다.

이 모든 게 사업 초창기에 어려운 일을 당했을 때 아내에게 털어놓은 후 적극적인 응원을 받은 덕분이었다. 지금도 박 사장은 회사를 경영하면서 어려운 일이 있으면 반드시 아내에게 지혜를 구한다.

여자는 남자와 달리 앞을 내다보는 직감이 뛰어나다. 사람들에게는 오감이라는 것이 있지만 여자들에게는 하나 더하여 육감이라는 게 있다. 어렵고 힘들 때 이러한 아내에게 도움을 청한다면 도와주지 않을 아내는 아마 없을 것이다.

살다 보면 누구나 어렵고 힘든 일이 생긴다. 그러나 그 짐을 모두 혼자 지고 갈 수는 없다. 배우자와 나눈다면 고통과 걱정은 절반으로 줄어들고 그 대신 세상에서 가장 든든한 응원군을 얻을 수 있다.

행복편지 · 09

난, 너무 쓸쓸해요!

박장호 교수는 가을이 되면 마음이 허전하여 일이 손에 잡히지 않는다.

얼마 전 교정의 플라타너스 낙엽을 밟으며 걸어가는데 너무나 허전하고 쓸쓸했다. 그토록 싱싱하던 나뭇잎도 세월이 흐르면서 하나 둘 떨어져 오가는 이들에게 짓밟히는데, 나도 언젠가는 저 낙엽처럼 되는 게 아닌가라는 생각이 들자 마음이 더욱 서글퍼졌다.

결혼 후 20년 동안 공부하고 강의하느라 허겁지겁 앞만 보고 달려왔다. 남들이 부러워하는 대학교수가 되었지만 개미 쳇바퀴 돌듯 학교와 집을 오가면서 바쁘게만 살았다. 단 하루라도 여유를 가지고 자신만을 위해 시간을 보낸 적이 없었다. 늘 바쁘게 연구해서 논문 쓰랴, 강의하랴, 학회에 참석하고, 아이들 일이며 집안 행사에 참석하느라 시간에 쫓기면서 살았다.

그렇게 산 세월이 벌써 50년이 훌쩍 넘어갔다. 퇴근 후에 아내와 맥주라도 한잔하면서 허전한 마음을 달래고 싶어 연구실에 들어오자마자 전화를 걸었다.

"여보, 왜 이렇게 허전하고 쓸쓸한지 모르겠어! 낙엽을 밟으며 걷는데 문득 당신이 보고 싶더라!"

몇 마디 꺼내지도 않았는데 아내는, "그렇게 할일 없어? 쓸데없는 소리 그만하고 시간 나면 기도나 해!"라며 끊어버렸다.

어떻게 이럴 수 있을까? 그래도 내 마음을 조금이라도 알아주리라 믿었던 아내로부터 위로는커녕 한가한 소리한다며 핀잔만 들었다. 동냥을 얻으려다 쪽박마저 부숨을 당한 꼴이 되어 얼마나 서글펐는지 모른다.

남편 마음을 너무도 몰라주는 아내가 참으로 야속하고 서운했다. 연구도 강의도 다 집어치우고 어디론가 훌쩍 떠나고 싶었다. 그동안 가족을 위해 일만 하며 살아왔는데, 이렇게밖에 대접받지 못하는 자신이 너무나 한심했다.

창밖을 내다보며 한숨만 쉬다가 연구실을 나와서 캠퍼스를 터벅터벅 걸었다. 마음이 어느 정도 진정되자 아내가 다시 떠올랐다. 아내 역시 맞벌이하며 바쁘게 사느라 정신이 없었다. 더구나 고3인 딸의 수능시험에 마음 쓰느라 여유가 없었을 것이다. 그래서 문자메시지를 보냈다.

'여보, 힘들지? 오늘 저녁에 우리 맥주 한잔 할까!'

그날 저녁 아내와 정말 오랜만에 동네 카페에서 맥주를 한잔하면서 낮에 있었던 이야기를 꺼냈다. 아내는 그런 줄도 모르고 얼마나 마음이 아팠을까 하면서 정말 미안하다며 손을 꼭 잡았다. 아내는 그때 너무 바빠서 정신이 없었단다.

이렇게 아내에게 속마음을 이야기하고 나니 허전하고 쓸쓸했던 마음이 어느 정도 진정되는 것 같았다. 낮에 순간적으로 판단하지 않고 마음을 진정시킨 후 아내에게 대화의 손을 내민 것이 정말 잘했다는 생각이 들었다.

비록 배우자에게 서운하거나 화난 감정이 있더라도 마음속에 쌓아놓지 말고 기회를 만들어서 털어놓아야 한다. 때로는 배우자의 속마음은 그렇지 않은데 오해해서 나 혼자 상상하며 스트레스를 받을 수도 있다.

또한 배우자도 마찬가지로 말하지 않으면 모르기 때문에 오해가 오해를 부를 수 있다. 하지만 배우자에게 이야기하면 모든 게 풀리게 된다. 배우자를 믿고 속마음을 털어놓자. 그러면 먼저 내 마음이 편안해질 것이다.

행복편지 · 10

남편이 달라졌어요!

남편은 새해가 되면서 일주일에 한 끼는 자신이 직접 준비하겠다고 약속했다. 첫 시작으로 1월 11일 점심은 남편이 책임지겠다며 달력에 동그라미를 쳐놓고 며칠 전부터 무슨 메뉴가 좋을지 고민했다. 하도 걱정을 하기에 쉬운 것이 좋겠다 싶어서 카레라이스를 추천해 주었다.

오전 11시 30분이 되자 카레라이스 요리를 가르치는 선생님이 되어 달라며 나를 주방으로 데리고 갔다. 절대로 도와주지 않고 가르쳐만 주기로 하고 식탁에 앉아서 지켜보았다.

먼저 감자, 당근, 양파, 파프리카를 다듬고 써는 방법을 알려 주었는데 제법 잘했다. 그리고 카레를 만드는 방법을 설명했다. 돼지고기와 야채를 볶은 후 물을 붓고 끓으면 반죽해 놓은 카레를 넣었다. 물론 밥하는 방법도 가르쳐 주었다. 김장김치도 먹음직스럽게 썰어 접시에 담았다. 준비가 다된 모양인지 남편은 자신이 앉던 식탁 자리에 나를 앉게 했다. 그렇게도 좋은지 내내 싱글벙글 웃으며 밥을 푸고 카레요리가 담긴 냄비와 김치로 상을 차렸다.

그런데 웬일인가? 정말 지금까지 이렇게 맛있는 카레라이스를 먹어본 적이 없었다. 나도 놀라고 남편도 놀랐다. 내가 엄지손가락을 치켜세우며 최고라고 소리쳤다. 우리는 깔깔 웃으며 얼마나 맛있게 점심을 먹었는지 모른다.

오늘은 내 인생 최고의 감동적인 하루였다. 결혼 후 처음으로 남편이 내게 밥상을 차려 주었다.

지금까지 나는 아무리 몸이 아파도 남편 밥은 직접 차렸다. 나는 남편이 부엌에서 일하는 게 싫어서 웬만하면 남편이 부엌에 들어오는 걸 막았다. 그런데 요즘은 생각을 바꾸었다. 혹시라도 내가 심하게 아프거나 집에 없을 때 과연 남편은 식사를 어떻게 할 것인지 걱정이 되었다.

사람의 앞일은 아무도 모른다. 부엌살림이라고는 전혀 모르고 있다가 갑자기 아내가 저 세상으로 떠난 후 혼자 고생하는 남자를 보았다. 그런데 남편이 일주일에 한번은 식사를 담당하겠다니 얼마나 다행인가. 아마 남편 자신을 위해서도 좋은 일이라 생각한다.

오늘 점심을 준비해 보니 남편은 자신감이 생기는 모양이다. 카레라이스 만드는 방법을 완전히 익히기 위해 3일 후에 한 번 더 만들겠단다.

점심을 먹은 후 늘 하던 대로 창문을 열어 환기시키고 남편이 설거지하는 동안 텔레비전의 '전국노래자랑'을 시청하며 쉬었다. 조금은 어색했지만 결혼 후 31년 만에 처음 맛보는 여유라서 행복한 느낌이 들었다.

늘 남편이 하던 것처럼 나도, "여보, 오늘 점심은 정말 맛있어요!"라며 칭찬을 해 주었다.

살아갈수록 재미있는 세상이다. 내가 가만히 앉아서 남편이 차려 주는 밥상을 받아볼 줄이야. 나의 칭찬 한마디에 남편은 고래보다 더 신나게 춤추는 것 같았다.

그뿐 아니다. 일주일에 한 번씩 2개의 화장실도 깔끔하게 청소해 준다.

지난해 조부님의 제삿날이었다. 음식을 장만하느라 화장실 청소를 미처 하지 못했다. 저녁에는 시고모님, 작은댁 식구들, 시동생들이 오는데 걱정이 되었다. 그걸 알아차린 남편이 팔을 걷어붙이고 2개의 화장실을 청소했다. 얼마나 깨끗한지 반들반들 윤이 났다.

"여보, 너무너무 고마워요"라며 뺨에 입맞춤을 해 주었더니 바로 부메랑이 되어 돌아왔다.

"여보, 앞으로 일주일에 한 번씩 화장실 청소는 내가 할게요."

또 몇 년 전부터 금요일마다 하는 분리수거도 요즘은 남편이 한다. 그 전까지는 내가 했었는데 그날따라 너무 바빠서 남편에게 부탁을 하게 되었다. 그날도 마찬가지로 부탁을 기꺼이 들어준 남편이 하도 고마워서 고맙다는 말을 몇 번이나 했다. 그 말을 듣자마자 남편은 앞으로 분리수거는 직접 하겠다고 했다. 참 고마운 남편이다.

남편은 장남이라 그런지 무슨 일이든 다른 사람에게 잘 시키는 편이었다. 집안에서도 내가 이것저것 다 해 주기를 바랐었다. 그런 남편이 이렇게 달라질 줄이야 누가 알았겠는가?

카레라이스 만들기, 스팀청소기 돌리기, 이불 개기, 화장실 청소, 분리수거 등은 남편이 하는 집안일이다.

그동안 남편은 내가 잘못하는 것이 있으면 일일이 지적해서 가르치려고 했다. 그러나 이제 남편은 삼척동자(알고도 모르는 척, 듣고도 못 들은 척, 보고도 못 본 척)가 되어 그냥 웃음으로 넘어가 준다.

내가 재미있는 이야기를 할 때는 함께 웃어 주기도 하고 눈물도 함께 흘려주며 맞장구까지 친다. 어쩌다 이빨 사이에 고춧가루가 끼어 있을 때도 아무 말 없이 이쑤시개를 가져와서 파주기도 한다. 언제 어디서나 내 편이 되어 주는 든든한 남편이다.

이렇게 많이 달라진 남편을 보면 고맙기도 하지만 한편으론 안쓰럽기도 하다. 축 처진 어깨를 보면 그 옛날의 당당하던 패기가 그립기도 하다. 고함도 지르고 잔소리도 하고…. 이젠 하고 싶어도 못하는 것 같다.

엄마를 졸졸 따라다니는 어린아이처럼 남편은 내게 의지를 많이 한다. 이젠 내가 남편을 보살피며 살아야 할 때가 온 것 같다.

나란 존재는 남편이 젊었을 때에는 애인, 중년일 때는 동반자, 이제 중년을 지나면서부터 간호사의 역할을 하면서 돌보아야 할 것 같다. 즉 남편의 생로병사(生老病死) 중 노병사(老病死)를 내가 책임져야 한다.

세월의 흐름 따라 남편의 달라진 모습 속에서 나 또한 많이 달라져 있음을 발견한다.

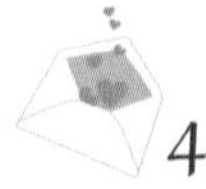

'남편이 달라졌어요!'란 말은 남편이 그만큼 늙어간다는 말이다.

자연현상도 세월이 흐르면 달라질 수밖에 없듯이….

이렇게 고마운 남편과 인생의 끝자락까지 바람이 불면 부는 대로 함께 흔들리며 가고 싶다. 가다가 넘어지면 서로 일으켜 세워주고 보듬어 주는 우리는 영원한 길동무니까….

행복편지 · 11

행복을 선사하는 두 개의 주머니

지난 토요일 지인의 딸 결혼식에 갔었다. 결혼할 나이가 된 아들이 있으니 결혼식장에서 일어나는 일들이 예사롭지 않게 보였다.

그날 결혼식에서 두 가지를 얻었다. 하나는 하객의 모습을 통해서고, 다른 하나는 주례사에서다.

호텔에서 하는 결혼이라 원탁테이블에 앉아 예식에 이어서 식사하는 순서로 진행되었는데, 모두 마칠 때까지 2시간이 넘게 걸렸다. 한 테이블에 10명씩 앉았는데 우리 테이블에는 혼자 온 남자가 있었다.

우리 부부는 이런저런 이야기를 나누다 보니 시간 가는 줄 몰랐다. 그런데 끝날 때까지 말 한마디 없이 혼자 앉아 있는 그 남자의 모습이 너무나 쓸쓸해 보였다. 주위의 다른 테이블을 둘러보아도 역시 혼자 온 남자들은 하나같이 입을 꾹 다문 채 식장 앞을 멍하니 바라보거나 묵묵히 음식을 먹기만 했다.

그런데 바로 옆의 테이블을 보니 4~5명의 여자들이 웃어가면서 재미있게 이야기하고 있었다. 남편과 자식들이 화제로 오르는 것을 보니 아마 신랑이나 신부 측 어머니의 친구들인 모양이었다. 혹시나 싶어 돌아보며 친구들 사이인지 물어보았다. 그런데 이게 웬일인가? 오늘 처음 만난 사이라고 했다. 난 도무지 이해가 되지 않았다. 어떻게 처음 만난 사람들하고 그렇게 웃고 떠들 수 있을까? 더구나 남편과 자식 이야기까지 하면서….

아내는 그 모습이 전혀 이상하지 않은지 원래 여자들은 잘 모르는 사람들과도 쉽게 이야기를 나누면서 어울린다고 했다. 처음 만났어도 마치 오래된 친구처럼 온갖 이야기까지 나눈단다. 그러더니 여자들은 결혼식 같은 곳에 혼자 가도 괜찮지만 남자들은 혼자 있는 게 왠지 쓸쓸해 보인다며 앞으로 결혼식에 갈 때는 꼭 함께 가주겠다고 했다.

그리고 결혼식의 주례사가 참 마음에 와 닿았다.

"부부는 일심동체가 아니라 이심이체다. 서로 다른 환경에서 성장해 온 두 사람이 결혼한다고 해서 일심동체가 되지 않는다. 몸과 마음이 서로 다르다는 것을 인정하고 잘 맞추려고 노력할 때 행복한 결혼생활을 할 수 있다. 오늘부터 각자 주머니를 2개씩 차고 다녀라. 하나는 구멍이 뚫린 것이고, 다른 하나는 구멍이 뚫리지 않은 온전한 것이다. 배우자에게 속상하고, 서운하고, 화나고, 미운 마음과 같은 부정적인 감정이 일어날 때는 빠짐없이 종이에 써서 자신의 구멍 뚫린 주머니에 넣어라. 그 종이는 주머니에 넣는 대로 남아 있지 않고 빠져나가 버린다. 그래서 배우자에 대한 부정적인 감정은 그 순간 모두 잊어버리게 된다. 하지만 배우자에게 감사, 칭찬, 배려, 존중, 사랑 받았던 일들과 같은 긍정적인 마음이 들 때도 역시 빠짐없이 종이에 써서 이번에는 온전한 주머니에 넣어라. 그 편지는 없어지지 않고 모두 남아 있다. 늘 꺼내 보면서 두고두고 배우자에게 그 마음을 전하거나 보답하려고 노력해라. 그러면 행복한 부부가 된다. 그런데 많은 사람들이 반대로 하면서 살고 있다. 고맙고 감사한 일들은 구멍 뚫린 주머니에 넣은 편지처럼 금방 잊어버린다. 반면 조금이라도 서운하거나 화났던 일들은 정상적인 주머니에 넣어둔 편지처럼 두고두고 기억하며 산다."

모든 것은 마음먹기 나름이다. 좋은 마음을 먹게 하는 좋은 씨앗도 있고, 나쁜 마음이 되는 나쁜 씨앗도 있다. 이처럼 우리는 어떤 마음을 먹느냐가 중요하다.

그날 주례사처럼 우리 부부도 각자 주머니를 2개씩 차고 열심히 편지를 쓰기로 마음먹었다. 내가 먼저 좋은 마음의 씨앗을 뿌리면 배우자 또한 그렇게 되리라 믿으면서….

부전자전

며칠 전 성실하고 마음 착한 젊은 후배와 점심을 먹었다.

그런데 그는 30대 후반인 형이 이혼 위기에 놓여 있다며 걱정했다. 형수가 얼마간 떨어져 지내면서 생각을 정리한 후 들어오겠다며 집을 나간 지 한 달이 지나자 이혼을 요구했단다. 도저히 형과 말이 통하지 않아 숨이 막혀 살 수 없다는 것이었다.

형 부부는 맞벌이를 했기 때문에 유치원에 다니는 조카를 돌봐주는 부모님과 아래위층에 살았다. 형은 술도 마시지 않고 또 권위적이라서 동생인 자신과도 대화가 거의 되지 않는다고 했다.

반면 형수는 소탈하고 술도 잘 마시며 사람들과 어울리기를 좋아하는 성격이라 시동생인 자신과도 자주 전화통화를 했고 명절 때마다 집에 가면 맥주를 한잔하며 살아가는 이야기를 나눌 정도로 형보다 훨씬 더 가깝게 지냈단다.

그런데 형수는 회사일로 가끔 술을 마시고 늦게 들어오는 모양이었다. 그럴 때마다 형은, "술 마시고 늦게 들어오는 엄마한테

애가 뭘 배우겠어?"라며 야단을 쳤다. 형수가 상황의 자초지종을 이야기하려고 해도 형은 무슨 이유가 그렇게 많으냐며 큰소리만 칠 뿐 도무지 들으려고 하지 않았다. 더구나 형은 그런 일을 위층에 사는 어머니에게 모두 이야기했고 그러면 어머니는 또 형수를 불러 야단을 치셨다. 그러면서 형과 어머니는 아이까지 봐주는데 뭐가 부족하냐며 야단이었단다.

그러는 형에게 형수는 어떤 생각이 들었겠는가. 부부 사이의 일은 당사자가 해결해야지 일일이 어머니에게 일러바치는 형이 마마보이처럼 느껴졌을 것이다.

혹시나 해서 후배에게 부모님은 서로 간에 대화를 잘 하시느냐고 물어보았다. 연세가 들면서 이제 어느 정도 대화를 하시는 편인데 예전에 아버지는 어머니 말을 한마디도 듣지 않는 권위적인 분이었단다. 형도 아버지와 똑같은 성격이라서 형수가 얼마나 답답한지 충분히 이해가 된다고 했다. 그런데도 형과 어머니는 형수가 잘못을 빌고 들어와야 받아준다면서 모든 책임이 형수에게만 있다고 해서 걱정이라고 했다.

하지만 형수는 사사건건 시어머니에게 일러바치는 남편과는 말이 통하지 않아 어린 아들을 생각하면 가슴 아프지만 헤어질 수밖에 없다고 했단다. 더구나 아들 이야기만 듣고 일방적으로 꾸중하는 시어머니와 한 건물에 사는 것도 힘들고 답답해서 집에 들어가기가 죽기보다 싫다고 했단다.

그 친구의 이야기를 들으면서 많이 답답하고 안타까웠다. 무엇보다 어머니가 어떻게 해야 아들을 위하는 것인지 잘 모르시는 것 같았다. 물론 남편 역시 마찬가지다. 왜 아내와 마음을 터놓고 대화하지 않았을까? 아내 생각대로 이혼을 하게 되면 장차 아이는 누가 키울 것인가? 또한 무엇보다 아이에게 미칠 영향이 얼마나 큰지 생각해 보았는지 참으로 걱정되었다.

아버지와 어머니 중 누가 자식에게 영향을 더 많이 미칠까?

미국의 저명한 심리학자 폴터의 연구에 의하면 자녀(아들, 딸)들은 어머니보다 아버지의 영향을 절대적으로 많이 받는다고 한다. 목표설정, 가치관 확립, 의사결정방식 등은 주로 아버지의 영향을 받는다.

'부전자전'이란 말처럼 아들은 아버지가 우상이다. 아버지를 따라할 수밖에 없다.

특히 자녀는 부모가 가르치는 대로 하지 않고 부모가 하는 행동을 보고 배운다. 내 자식들이 지금의 나처럼 살면 좋을까? 아니면 나보다 더 잘살기를 바라는가?

그렇다면 나부터 달라져야 한다. 내가 자식들에게 기대하는 대로 먼저 살아야 한다. 자식들은 부모의 살아가는 모습을 보면서 자신들의 미래를 꿈꾼다. 무심코 하는 나의 행동들이 자녀들의 행복과 불행의 길잡이가 된다는 것을 절대 잊지 말았으면 한다.

행복편지 · 13

누가 해달라고 했어?

김정자 씨는 남편이 집안청소를 해 주겠다고 나서면 가슴이 답답해진다. 또 무슨 말로 속을 뒤집어 놓을지 걱정부터 앞선다. 26년을 살면서 남편은 가뭄에 콩 나듯 집안을 청소해 주었지만 정자 씨는 조금도 고맙지 않았다.

세심하고 철저한 남편은 청소만 해 주는 게 아니라 기숙사 사감처럼 집안 곳곳을 검사하고 지적한다.

"화분에 물도 제대로 주지 않아서 이게 뭐냐? 구석구석에 쌓인 먼지 좀 봐라, 이래 놓고 어떻게 사느냐? 책장에 먼지 좀 봐, 언제 닦았는지 모르겠어. 걸레는 또 이게 뭐야, 사용했으면 즉시 빨아야지?"

때로는 냉장고 문까지 열어서, "음식을 왜 이렇게 가득 넣어두느냐? 조금만 사지, 왜 이렇게 많이 샀느냐? 오래된 건 버려야지 그대로 두면 안 된다" 등등 온갖 잔소리를 늘어놓는다.

아무리 시어머니 잔소리가 힘들다고 하지만 그건 약과라고 할

만큼 시시콜콜한 것까지 간섭한다.

듣고만 있으려니 먹은 음식이 체할 것 같아 한마디 하면, "뭐 잘했다고 핑계를 대!"라며 오히려 큰소리친다.

자신은 자상한 남편이라서 집안청소를 해 준다지만 갈수록 늘어가는 잔소리에 진절머리가 난다. 차라리 집안일을 모른 척하며 지내면 밉지는 않지만 청소해 준답시고 속을 뒤집어 놓고 나면 한동안은 남편이 보기도 싫다.

예전에는 이럴 때마다 싸우다 보니 며칠 동안 말하지 않고 지낸 적이 많았다. 하지만 그것도 잠시뿐, 남편은 심심해서 그러는지 몰라도 늘 집안청소를 한답시고 잔소리를 늘어놓았다.

그래서 얼마 전부터 정자 씨는 남편이 청소하겠다고 하면 마트에 다녀오겠다며 집을 나서 버린다. 잔소리 듣는 것도 한두 번이라야지 듣고만 있을 수 없어서 싸우는 것보다 차라리 피하는 게 낫겠다 싶어서였다.

남편은 원래 정이 많고 자상한 사람이다. 하지만 한번도 아내가 뭘 원하는지는 물어보지 않고 자신의 생각대로 집안일을 해 준다. 그러면서 잔소리로 속을 뒤집어 놓는 것은 물론이고 집안일 하는 사람이 사용하기 편하도록 해놓은 것조차도 자기 맘대로 바꾸어 놓아 다시 손대게 한다.

그럴 때마다 정자 씨는 가만히 있는 게 도와주는 거라며 짜증을 부렸다. 그래도 남편은 별로 상관하지 않았다. 아마 아내의 만족보다는 자기만족을 위해 집안일을 하는 모양이다.

기막힌 일은, "나처럼 집안일을 잘 도와주는 남편이 있으면 나와 보라 그래!"라며 오히려 큰소리를 친다. 해 주고도 고맙다는 얘길 듣지 못하고 욕만 먹는 남편이 때로는 측은하기도 하다.

사람들은 자기만족을 위해 상대방이 원하지 않는데도 해 주는 경우가 많다. 그렇다 보니 자신만큼 배우자에게 잘하는 사람은 없다고 착각한다. 이처럼 자기 자신을 먼저 생각하다 보면 상대방은 상처를 받는다. 세상에서 제일 첫 번째 고객은 바로 배우자라는 것을 모르고….

그래서 '고객만족, 고객만족'을 외친다. 부부 사이에서도 고객만족이 되어야 행복하다. 배우자를 비난하거나 지적하여 고치려고 하지 말고, 잘하지 못하는 것이 눈에 보이면 내가 하면 된다. 이럴 때 배우자만족, 즉 고객만족이 된다.

이처럼 배우자가 잘못하는 게 눈에 보이면 그것은 바로 내가 그 분야에 잘하는 능력이 있기 때문이다. 그래서 능력이 있는 내가 하는 것이 바로 나를 위하는 길이자 배우자를 위하는 길이 된다.

행복편지 · 14

남편의 의자

얼마 전 정년퇴직을 앞둔 모 공기업 직원들에게 강의를 했다. 새로운 인생출발을 위한 부부동반 합숙교육으로 우리의 강의는 3시간 동안 진행되었다. 그날 참석한 어느 아내 분의 이야기가 마음에 많이 와 닿았다.

"아이들이 초등학교 다닐 때 집안에 남편만 앉을 수 있는 의자를 마련했다. 설령 시댁 식구들이나 손님이 오더라도 남편이 있든 없든 상관없이 그 의자에는 아무도 앉지 못하게 했다. 처음에는 남편도 어색해하고 아이들이며 모두들 이상하게 생각했지만 아랑곳하지 않고 그 원칙을 지켰다.

얼마 지나지 않아 그 효과가 나타났는데 제일 먼저 남편이 달라졌다. 그 전까지 남편은 집에 있어도 마땅히 정해진 자리가 없어서 그런지 식탁에 앉거나 아니면 소파에 앉아서 TV를 보거나 신문을 읽었다. 그런데 별일도 아닌 것을 가지고 괜히 짜증을 내거나 큰소리치는 일이 종종 있었다.

그런데 남편의 의자를 마련한 후로는 언제든지 비어 있는 그 의자에 앉아서 쉬거나 책을 읽었다. 그렇게 되니 자신이 집안의 가장으로서 권위를 인정받고 있음을 느꼈는지 짜증내는 일도 없어지고 가족을 존중하고 편안하게 해 주었다. 특히 아내를 존중하고 배려해 주었으며, 아이들이나 다른 사람들로부터 든든한 울타리가 되어 주었다.

그 다음으로 아이들이 변했다. 중요한 일이 있거나 맛있는 음식이 있으면 항상 아빠를 먼저 생각하고 챙겼다. 또한 형제간에 싸우는 일도 없어졌다. 잔소리를 하지 않아도 각자 할 일을 스스로 하여 부모의 기대대로 훌륭하게 성장해 주었다.

그 의자는 지금도 그대로 있고 앞으로도 변함없이 그 자리에 있을 것이다. 그런데 더 놀라운 건 딸도 결혼하면 엄마처럼 남편의 의자를 만들어 주겠다고 했다."

그 아내 분의 이야기에 모두 감명을 받았다.

그 의자는 단순한 의자가 아니라 남편의 권위 그 자체였다. 더구나 요즘 남편이란 존재가 아이들에게조차 밀려나 설 자리를 잃어버린 상황에서 그 아내의 이야기는 큰 울림으로 다가왔다.

그 순간 미국에서 자녀 6남매를 모두 아이비리그의 명문대학에서 박사학위를 취득하도록 훌륭하게 키운 전혜성 박사의 '남편을 존중하였더니 아이들이 변했어요'라는 이야기가 생각났다.

남편들이 그동안 가족을 위해 직장에서 열심히 일하다 퇴직 후 가정으로 돌아오면 배우자와 잘 지내는 것이 가장 중요하다. 여자들이 갱년기가 되면 정신적으로나 육체적으로 많은 어려움을 겪듯이 남자들도 정년퇴직을 맞으면 그 이상으로 심한 충격과 고통을 받는다. 그렇기 때문에 정년퇴직 후 배우자와 어떻게 지내느냐에 따라 그 이후의 삶이 확연하게 달라진다.

운동경기로 치면 이제 겨우 전반전을 마친 정도이다. 아무리 전반전 경기를 잘하였다 하더라도 승패 여부는 후반전에 달려 있다. 우리네 삶도 운동경기처럼 전반전인 직장생활도 중요하지만 그 못지않게 퇴직 후의 삶도 매우 중요하다.

더구나 남편이 직장생활을 하는 동안에는 부부 사이에 갈등이 있더라도 참고 견딜 수 있다. 하지만 경제적인 능력이 없어지고 함께 있는 시간이 많아지면서 어려움을 겪는 부부가 의외로 많다.

운동경기의 승패도 마지막에 달려 있고, 바둑도 끝마무리에서 승부가 갈리듯이 인생도 마찬가지다. 젊어서 아무리 잘 살았어도 늙어서 잘 살지 못하면 실패한 인생이 된다. 그래서 인생의 행복은 황혼을 어떻게 살아가느냐에 달려 있다. 그 시점이 바로 정년퇴직 무렵이다.

이럴 때 남편만의 자리를 마련해 준다면 어떨까? 그러면 남편은 물론 아내의 자리도 더욱더 튼튼해지지 않을까 싶다. 특히 자식들이 행복하게 살기를 바란다면 부모가 나이 들어서도 행복하게 살아가는 모습을 보여 주어야 한다.

행복편지 · 15

벽창호를 변화시킨 한마디

성호 씨는 요즘 집에서 자주 설거지도 하고 커피도 끓인다. 식사하고 나면 바로 커피포트에 물을 올려놓고 설거지부터 한다. 설거지를 마치면 물이 끓고 있어 바로 커피를 탈 수 있기 때문이다. 그리고 커피를 마시며 아내와 이야기를 나눈다. 아내는 그 커피가 너무나 맛있다고 칭찬해 주어서 그 시간이 얼마나 행복한지 모른다.

얼마 전에는 하루 종일 강의하고 집에 들어서자마자 윗옷을 벗고 나서 설거지부터 하였다. 아내가 피곤할 테니 오늘은 하지 말라고 말려도 괜찮다면서 즐겁게 했다.

성호 씨가 이렇게 변하리라 생각한 사람은 주변에 아무도 없었다. 자신은 물론 아내도 이런 모습은 천지가 개벽할 만한 일이라고 했다.

27년간 함께 살았지만 불과 몇 년 전까지만 해도 식사 때마다 아내가 상을 차려서 바쳐야만 했다. 마실 물도 가져다주어야 마시는 것은 물론 집안일에는 손도 까딱하지 않았다. 심지어 아내가 아프거나 손님이 와서 아무리 할 일이 많아도 전혀 도와줄 줄을 몰랐다. 아내 역시 으레 그런 사람이라고 생각했기 때문에 집안일은 모두 혼자 감당했다.

그때까지는 남편이 동반자가 아니라 어른으로 모시고 산 것이다. 하지만 아내는 그런 성호 씨에게 불평하거나 집안일을 해달라고 요구한 적이 없다. 그저 남편에게 정성을 다할 뿐이었다.

그런데 '진인사 대천명(盡人事待天命)'이랄까. 남편도 때가 되니 하늘이 놀랄 정도로 바뀌었다.

어느 날 성호 씨는 아내가 커피를 타는 것이 하도 재미있게 보여서 한번 해 보고 싶었다. 그래서 아내가 하는 것처럼 정성을 다해 커피를 탔다. 그런데 커피를 마시던 아내가, "와~아! 지금까지 마셔본 커피 중에 가장 맛있다!"며 감탄을 했다. 그 순간 '커피는 언제든지 내가 타야겠다'는 생각이 들었다.

난생 처음으로 타본 커피를 아내가 맛있다며 칭찬을 해 주어서 얼마나 기분이 좋았는지 모른다. 아내가 타던 그 커피로, 아내가 하는 것처럼 탔는데도 세상에서 제일 맛있는 커피라며 칭찬을 받았으니 말이다. 그 후 성호 씨는 아내에게 계속 칭찬받고 싶은 마음에 커피를 탈 기회가 있으면 언제든지 주방으로 달려갔다.

집안일이라곤 전혀 모르던 성호 씨를 이렇게 만든 것은 다름 아닌 아내의 진심이 담긴 칭찬 한마디였다. 앞으로 집안일은 물론 식사를 준비하는 일까지 아내가 행복해하는 일이라면 뭐든지 해야겠다고 마음먹었다.

그리고 아내가 얼마나 힘들게 집안일을 해왔는지 이제야 알게 되었다. 그동안 아내에게 무관심했던 자신이 너무나 미안하고 후회스러웠다. 그럼에도 불평 한마디 없이 정성을 다하며 살아준 아내가 너무나 고마웠다. 그런 아내를 위해 집안일을 조금씩 배워가면서 하기로 다짐했다.

아내는 "정말 오래 살고 볼 일이에요!"라며 요즘의 생활이 참 행복하단다. 아내의 인내심과 진심이 담긴 칭찬 한마디가 벽창호 같았던 성호 씨를 최고의 가사도우미(?)로 변화시켰다.

우리도 성호 씨가 직접 타준 커피를 마셔보았는데 일회용 커피를 사용했음에도 불구하고 물 배합을 어떻게 했는지 정말 맛있었다.

아내의 진실한 칭찬은 성호 씨를 춤추게 만들었다.

역시 사람을 변화시키는 것은 칭찬밖에 없다.

조금 미흡하더라도 "참 잘했어요"라며 아낌없는 칭찬으로 배우자의 기를 살려주자. 그러면 배우자는 인정받고 싶은 마음에서 더욱더 잘하려고 노력한다.

칭찬은 고래도 춤추게 한다고 하지 않았는가?

행복편지 · 16

질문의 힘

미숙 씨는 요즘 들어 남편이 자신을 더욱 존중해 주는 것 같아 참으로 고마웠다. 몇 달 전부터 남편의 말씨가 완전히 달라졌기 때문이다. 그전에는 무슨 일이 있으면 요구하거나 명령하는 것처럼 말했다. 식사 때가 되거나 배가 고프면, "배고파, 밥 줘!"라고 했고 외출할 때도 먼저 준비하고 나서는 "늦겠어, 빨리 가!"라고 했다. 그뿐 아니라 "반찬이 왜 이렇게 짜. 애들 성적이 이게 뭐야. 이번 주에 어머니 댁에 가자. 오늘 저녁엔 친구들과 약속이 있어서 늦을 거야"라고 말했다. 그리고 미숙 씨나 아이들이 잘못 했거나 자신의 기대와 다르게 했을 때는 결과만 보고 지적하며 비난하거나 가르치려고 했다.

그런데 요즘엔 자신의 생각이나 감정을 말하지 않고, 먼저 상대방의 생각을 물어 주고 대답에 귀 기울여 들어 주고 존중해 준다. "우리 이번 주말에 여행 갈까? 오늘 저녁에 늦을 것 같은데 괜찮겠어? 다음 주말에 어머니 댁에 가면 어떨까? 배고픈데 언제 밥

먹을 수 있을까? 내 입에는 반찬이 좀 짠 것 같은데?"라며 의견을 묻는다.

그리고 결과가 자신의 생각이나 기대와 다를 때도 "어떻게 생각해? 왜 그렇게 했어? 다음에는 어떻게 해 볼 거야? 그렇게 하면 어떻게 될 것 같은데? 왜 그렇게 생각하는데?"와 같이 상대방의 생각을 먼저 묻는다.

그전에 남편은 조금만 마음에 들지 않으면 늘 지적하여 가르치려고 했다. 그래서 항상 남편은 선생이고 자신은 학생인 것만 같아 때로는 속도 많이 상했었다.

그런데 참 이상한 것은 남편이 말하는 방법을 약간 바꾸었을 뿐인데 매우 존중받는 것처럼 느껴졌다. 미숙 씨도 어느새 남편을 닮아 자신의 생각을 말하거나 요구하지 않고 의견을 묻게 되었다. 그렇게 하다 보니 예전에는 남편과의 대화라곤 겨우 몇 마디밖에 하지 않았는데 이제는 제법 대화가 길어졌다.

더구나 고등학교와 중학교에 다니는 두 아이들에게도 말하는 방법을 바꾸게 되었다. 그 전에는 아이들에게 "이렇게 해라. 그렇게 하지 마라"처럼 지시하거나 지적하며 가르치듯이 말하다 보니 할 말도 몇 마디밖에 없었다.

그런데 아이들에게 지적하며 가르치고 싶은 마음이 목까지 올라왔지만 꾹 참고 물었다. "왜 이렇게 했는데? 너는 이것에 만족하니? 이렇게 하면 어떻게 될까? 다르게 할 수 있는 더 좋은 방법은 없을까?"라며 먼저 자신들의 생각을 물었더니 얼마나 좋아하는지 모른다.

잘했는지 잘못했는지는 자신들이 더 잘 알고 있는데 그걸 부모로부터 지적 받고 좋아할 아이들은 아무도 없다. 그렇지 않고 자신의 생각을 물어 주었더니 아이들 스스로 잘잘못을 판단하고 더 나은 방법을 찾으려고 노력했다. 이렇게 되니 부모자식과의 관계도 좋아지고 아이들의 자립심도 키워졌다.

또한 아이들도 "이것 해 주세요. 저것 해 주세요"에서 "언제 주시겠어요? 어떻게 생각하세요? 어떻게 하면 좋을까요? 아빠라면 어떻게 하시겠어요?"라며 의견을 물어 주었다. 특히 고마운 일은 아이들이 어렵거나 힘들 때 혼자 고민하거나 마음대로 판단하지 않고 부모에게 의견을 구한다는 것이다.

그전에는 남편이 가까이 하기엔 너무 먼 당신이라서 다소 거리감이 있었다. 이젠 남편이 자신은 물론 아이들과도 생각을 나누다 보니 친근감이 들고 수평적인 관계가 된 것 같아 비로소 가족이라는 느낌이 들었다.

이처럼 질문은 자기중심이 아니라 상대방 중심이다. 이는 상대방을 존중하고 사랑하는 마음을 바탕으로 한다. 또한 자신을 낮추어 상대방에게 지혜를 구하는 대화방법이다. 자신의 생각을 말하고 싶은 마음도 참고, 상대방의 대답을 들으면서 참아야 하기 때문에 인내심과 겸손한 마음 없이는 불가능하다.

또한 질문을 통해서 서로 생각을 나누다 보니 대화시간도 훨씬 더 길어지고 유익한 정보도 많이 얻는다. 그리고 상대방이 무슨 생각을 하고 있는지, 왜 그런 생각을 하게 되었는지를 이해할 수 있게 되어 가정이나 직장을 평화롭게 만든다.

우리는 누구나 존중 받고 싶고 이해 받고 싶고 또한 행복해지고 싶어 한다. 그렇다면 먼저 말하는 방법을 바꾸어라. 그것은 다름 아닌 대화방법을 질문으로 바꾸는 것이다. 질문은 상대방과의 관계를 좋게 만들 뿐 아니라 특히 상대방에게 창의적인 사고력을 개발시켜 준다.

우리는 다른 사람을 가르칠 수 없다. 오직 스스로 해답을 찾아갈 수 있도록 질문으로 도울 수 있을 뿐이다. 올바른 질문 속에는 지혜와 행복의 열쇠가 모두 들어 있다.

행복편지 · 17

참, 고맙다!

오늘은 강의가 있어 아침 일찍 집을 나섰다.

어버이날이라 시아버님께 7시에 전화를 드렸다. 찾아뵙지도 못해서 제일 하기 쉬운 방법으로 마음을 전하려고 은행계좌로 용돈을 송금해 드렸다. 너무 죄송한 마음이 들어 아버님께 용서를 구하면서 어머님과 함께 맛있는 점심이라도 사 드시라고 말씀드렸다.

그런데 이 못난 며느리에게 아버님은, "야야, 너도 힘든데 고맙다! 정말 고맙다!"란 말씀을 세 번이나 하셨다. 아버님의 말씀에 갑자기 가슴이 메이고 눈물이 핑 돌았다. 옆에서 운전하던 남편도 눈가에 이슬이 맺히는 것 같았다. 우리는 얼마 동안 아무 말 없이 창밖만 내다보았다.

맏며느리로서 잘해 드리지 못해서 늘 죄송한 마음뿐이었다. 더구나 어버이날인데 찾아뵙고 카네이션을 달아드리지 못해서 마음이 많이 무거웠는데, 오히려 '고맙다!'는 말씀을 하시니 가슴이 메었다.

그날 아침 아버님의 말씀 한마디는 그동안 어렵고 힘들었던 내 마음을 모두 사라지게 만들었다. 앞으로 아버님, 어머님께 조금이라도 더 잘해 드려야겠다고 다짐하면서 남편 손을 꼭 잡았다.

이처럼 고맙다는 말은 사람의 마음을 움직이게 한다. 그 어떤 요구나 비난보다 더 잘해 주고 싶은 마음을 갖게 만드는 말이 바로 '고맙다!'라는 한마디이다. 이 말은 바로 사람의 마음을 사는 말이자 되로 주고 말로 받는 말로, 최고의 이윤을 남기는 장사꾼의 말이다.

그날 아버님의 말씀에 감동을 받은 덕분에 우리는 무거운 마음을 덜어내고 강의를 잘할 수 있었다.

'아버님, 감사합니다! 더욱 건강하시고 평안하십시오!'라고 마음 속으로 기도하면서 오늘 하루를 열심히 살았다.

행복편지 · 18

칭찬에 인색한 남편

며칠 전 우리 부부에게 부부 리더십 강의를 들었다는 경숙 씨로부터 전화가 왔다. 무려 한 시간 가까이 통화하면서 많은 이야기를 들려주었다.

그녀는 남편과 25년을 살면서 많이 싸웠다. 그런데 남편과 싸우고 나서 생각해 보면 자신에게도 문제가 많다는 것을 깨달았다. 그래서 잘하려고 열심히 노력했지만 남편은 그런 노력을 한번도 인정해 주지 않았다. 오히려 '하던 대로 하라'면서 빈정거리거나 꼬투리를 잡아 화를 냈다. 그러다 보니 잘해 보려는 마음은 온데간데없고 또 싸우곤 했다.

남편은 술에 취해 새벽에 들어올 때가 많았다. 며칠 전만 해도 밤 10시까지 들어온다고 해놓고도 새벽 2시에 만취가 되어 들어왔다. 왜 이렇게 술을 많이 마셨느냐고 한마디밖에 하지 않았는데도 욕을 하고 손찌검까지 했다. 그러면서 얼마나 기막힌 말을 했는지 모른다. 술 마시고 늦게 들어오는 게 다 나 때문이라는 것이 아닌가.

그 순간 '이대로 살아야 하나'라는 생각이 들었다. 하지만 아이들을 생각하며 꾹 참았다. 그런데 참는 것도 한계가 있어서 잘 참다가 가끔은 폭발을 했고, 이러기를 수없이 반복하면서 지금까지 살고 있다.

경숙 씨는 남편으로부터 인정받으면서 행복하게 살고 싶었다. 남편은 권위적이면서 매우 깔끔한 성격이어서 집안은 항상 깨끗하게 정리정돈 되어 있어야 하고, 남편이 집에 들어올 때는 아내가 맞아주고 바로 식사가 차려져야 한다. 또 집안일은 언제나 자신과 상의해서 처리해 주기를 바랐다. 한마디로 남편은 집안 살림 잘하고 아이들 잘 키우는 현모양처형의 아내를 원했다.

하지만 경숙 씨는 수더분하고 활동적인 성격이어서 집안일에 전념하기보다는 외부에서 열심히 봉사활동하고 그림 그리는 취미생활을 하면서 사람들과 어울릴 때 더 신나고 얼마나 즐거운지 모른다. 그래서 그런지 집에만 있으면 몸이 아파 견딜 수가 없다.

자연적으로 집안일을 소홀하게 되었고, 남편이 퇴근해 오면 집안이 어수선하거나 저녁 준비가 안 되어 있을 때도 가끔 있었다. 그걸 본 남편은 버럭 소리치며 화부터 냈다. 이럴 때는 미안하다고 해도 소용없고 그럴수록 목소리는 더욱 커졌다.

경숙 씨는 남편이 원하는 것을 잘 알기 때문에 몇 번이나 바꾸려고 마음먹고 노력했지만 쉽게 고쳐지지 않았다. 하지만 남편이 자신의 노력을 조금이라도 알아주고 칭찬했더라면 아마 달라졌을지도 모른다.

많은 사람들은 비난이나 비판으로 배우자를 자신의 기대 수준으로 변화시키려고 한다. 하지만 말을 강가에 끌고 갈 수 있어도 물을 먹일 수는 없는 것처럼 비난이나 비판으로는 배우자를 변화시킬 수 없다. 오히려 부부간에 갈등의 골만 더 깊어지게 만든다.

특히 변화를 좋아하는 사람은 거의 없다. 더구나 자기 스스로도 변화하는 게 어렵고 힘이 드는데 다른 사람의 강요를 받아 변화한다는 것은 거의 불가능하다. 부부 사이에서는 더욱 그렇다. 그럼에도 불구하고 배우자를 바꾸고 싶다면 방법은 딱 한 가지가 있다. 다름 아닌 '배우자를 바꾸겠다는 생각을 바꾸는 것'이다.

배우자를 변화시키기보다는 있는 그대로를 인정하는 것이 가장 현명하다. 그리고 배우자가 조금이라도 변화하기 위해 노력한다면 그걸 아낌없이 칭찬해 주어라. 그러면 누구나 인정받고 싶은 욕구가 있기 때문에 틀림없이 달라질 것이다.

무엇보다 가장 효과가 있는 것은 배우자보다 자신이 먼저 배우자가 기대하는 모습으로 변화하는 것이다. 혹시 아는가? 배우자도 나의 달라진 모습에 영향을 받아 조금씩 변화할지….

행복편지 · 19

난, 마음먹은 대로 다해요

정복자 씨는 남편과 함께 산 지 45년이 되었다.

오랜 세월을 함께 살다 보니 어느새 서로에게 잘 길들여졌다. 이제 눈빛만 봐도 서로가 무엇을 원하는지 알 수 있다. 그렇다 보니 두 사람은 서로에게 짐이 아니라 황혼의 여정에서 꼭 필요한 버팀목이 되었다.

대부분의 남자들처럼 복자 씨의 남편도 권위와 체면을 가장 중요하게 생각했다. 특히 자녀들 일이나 집안의 중요한 일들은 모두 남편이 결정해야 했다. 어쩌다 미리 의논하지 못하고 그런 일들을 결정하면 남편은 불같이 화를 냈다.

복자 씨는 그런 남편에게 맞추느라 젊었을 때는 어려움도 참 많았지만 이제는 남편이 무엇을 중요하게 생각하는지 잘 알기 때문에 별로 불편하지 않다. 오히려 그것만 인정하고 존중해 주면 되는 남편을 대하기가 참 쉽다.

그래서 복자 씨는 무슨 일이든지 남편이 결정하도록 존중해 주

고 자신은 한걸음 뒤로 물러난다. 그 덕분에 남편은 중요한 일을 결정하기 전에 꼭 아내의 의견을 물어 주고 존중해 준다.

특히 지난달에는 결혼한 딸이 돈을 빌려 달라고 했다. 딸의 부탁을 혼자서도 들어줄 수 있었지만 복자 씨는 먼저 남편에게 의논했다. 그 얘기를 듣고 난 남편은 어떻게 하면 좋겠느냐고 물었다. "큰 돈이 아니라서 차라리 빌려 주지 말고 그냥 도와주는 것이 어떨까?"라고 이야기했더니 남편은 흔쾌히 그러라고 했다.

이처럼 복자 씨는 중요한 일은 늘 남편이 결정하게 한다.

또 얼마 전에는 남편이 땅을 사겠다고 했다. 그 순간 놀랐지만 따지지 않고 왜 그런 마음을 먹었는지 조용히 물어 보았다. 남편의 생각을 다 듣고 난 후 "땅에 투자해서 모험하기보다는 고정적인 은행이자로 안정된 생활을 하는 것이 좋겠다"는 자신의 의견을 말했다. 남편도 이야기를 끝까지 듣더니 복자 씨의 의견을 존중해 주어 땅을 사겠다는 생각을 접었다.

복자 씨는 집안일을 결정할 때도 자신의 생각을 먼저 남편에게 이야기하거나 그것을 받아들이도록 강요하지 않는다. 그보다는 남편의 생각을 먼저 물어본 후에 자신의 생각을 말한다. 그 덕분에 지금까지 남편도 늘 아내의 의견을 존중해 주었다. 그렇다 보니 집안일과 자식들에 대해서는 복자 씨 마음대로 하지는 않지만 거의 모든 일이 마음먹은 대로 이루어졌다.

그러면서 복자 씨는 "남자들이란 권위를 제일 소중하게 생각해요. 그걸 인정하고 존중해 주었더니 남편 역시 내 생각을 인정하고 존중했어요"라고 말했다.

대부분의 남자들은 여자들과 달리 권위와 체면을 중요하게 여긴다. 그건 바로 남자들의 아킬레스건이기 때문이다. 그걸 건드리는 것은 마치 선전포고를 하는 것과 같다. 왜냐하면 남자들의 사고 중심에는 항상 서열이 자리 잡고 있다.

남자들은 어디서나 나이, 재력, 권력, 사회적 명성 등을 살펴서 자신의 서열을 매긴 후 그것에 맞추어 처신을 한다. 그렇다 보니 서열은 남자들의 세계에서 살아가는 데 가장 기본적인 원칙이자 규율이다. 남자들은 자신의 서열을 존중받을 때 평화가 유지되고 그렇지 못하면 충돌이 일어난다.

이는 아이들이 어렸을 때 노는 모습을 살펴보면 잘 알 수 있다. 남자 아이들은 몇 명만 모여도 반드시 대장이 나온다. 그 대장은 힘이 가장 세거나, 장난감을 많이 가지고 있거나, 먹을 것을 많이 가진 아이가 된다. 다른 아이들은 모두 대장의 말을 잘 들어야 함께 놀 수 있으며 그렇지 못하면 그 집단에 낄 수가 없다. 그래서 성인이 된 후에도 남자들의 세계는 언제나 서열 중심의 수직적인 관계로 구성되어 있다. 그러한 서열이 밖으로 드러난 것이 바로 권위와 체면이다.

반면 여자들의 세계에서 서열은 의미가 없다. 아예 서열을 매기지도 않을뿐더러 그걸 지키려고 하거나 주장하는 사람도 없다. 그보다는 누가 많은 사람들과 친화력이 있느냐가 중요하다. 즉 여자들의 사고는 수평적인 관계 중심이다.

이처럼 남자들과 여자들은 근본적인 사고방식이 다르다. 그래서 가정에서 자신의 서열을 인정받고 존중받는 남편은 가족들에

게 너그러워지고 이해심이 많아지지만, 그렇지 못하면 바늘 하나 들어갈 마음의 여유도 없을 만큼 옹졸하고 치사해진다.

지혜로운 아내는 바로 이러한 남편의 서열 중심 사고를 항상 염두에 두고 그 권위를 존중함으로써 자신이 원하는 것을 얻는다.

'체면은 남편이, 실리는 아내가!'

이것은 바로 복자 씨가 45년 결혼생활에서 얻은 삶의 지혜이다.

행복편지 · 20

할까, 말까 망설일 때는 좋은 쪽으로…

얼마 전 잘 아는 교수로부터 어느 단체에 가입을 요청하는 전화를 받았다. 사회적으로 저명한 사람들과 교류할 수 있는 좋은 기회라서 이미 신청서를 제출해 놓았다고 했다. 그 교수의 배려가 하도 고마워서 그만 승낙할 수밖에 없었다.

그 모임은 입회 절차가 꽤 까다로웠다. 입회 신청서를 임원들이 만장일치로 심사하여 입회를 결정하는데 그 교수 덕분에 다행히 통과된 듯했다. 그리고는 5월 모임에 처음으로 참석하여 회원패와 배지까지 받았다.

그 모임에 참석한 회원들의 면면을 보니 추천한 교수의 말대로 개인적으로는 도저히 만날 수 없는 경력이 화려한 훌륭한 분들이었다. 하지만 거의 대부분 남자들인 데다가 연세가 많은 분들이어서 50이 넘은 내가 아주 어린 편에 속하는 것 같았다. 그분들은 여러 가지로 가까이 하기엔 너무나 먼 당신들이었다.

어느덧 6월 정기모임이 다가왔다. 참석할까? 말까? 많이 망설여

지고 엄청나게 고민이 되었다. 거기다가 적잖은 입회비와 연회비까지 내야 하니.

그런데 이미 회원패는 받았고 추천한 교수의 입장도 있는 터라 갈등이 참 많이 되었다. 당일이 되어서야 회사를 경영한 경험이 있는 남편에게 의견을 구했다. 많은 고민을 했다는 말을 들은 남편은 몇 가지 물어본 후 명쾌한 해답을 내놓았다.

"당신은 회원 자격이 충분하니 망설이지 말고 지금 입회비와 연회비를 입금시키도록 해요. 그리고 오늘 저녁 모임에 꼭 나가도록 해요."

어떻게 결정을 내려야 할지 망설이는 내 마음을 남편은 깔끔하게 정리해 주었다. 그렇게 남편이 정리해 준 덕분에 갈등이 해소되니 그 모임에 대한 소속감은 물론이고 회원들에게 가까이 다가갈 수 있었다.

그날 모임을 마치고 돌아오면서 참 뿌듯함을 느꼈다. 지금까지는 남편의 아내로서 모임에 참석했는데 나 혼자서 훌륭한 분들과 함께할 수 있는 모임을 가졌다는 생각에 자부심이 얼마나 많이 들었는지 모른다. 거기다 밤늦은 시간인데도 버스 정류장까지 마중나온 남편이 참 고마웠다.

아내들은 일을 결정하기 전에 자신보다 항상 가족들을 먼저 생각한다. 특히 아내들은 유익하고 좋은 줄 알면서도 정작 자신들을 위해 쓰는 돈은 과감하게 결정하지 못한다. 차라리 그 돈을 가족들에게 쓴다면 얼마나 유익하게 쓸까 싶어서다. 아마 모성본능 때문이 아닐까?

그렇기 때문에 아내들이 자신들을 위해 할까? 말까? 망설이거나 의논할 때는 무조건 아내에게 좋은 방향으로 결정할 수 있도록 적극 성원해 주었으면 좋겠다. 때로는 조금 지나치다 싶더라도 따지거나 머뭇거리지 말고 과감하게…. 그럴 때 아내는 깊은 감동을 받는다.

누구나 망설이거나 갈등할 때는 이미 마음속에는 하고 싶은 욕구가 있다. 하지만 평소에 실컷 잘해 주다가도 결정적인 찬스를 놓쳐서 공든 탑을 무너뜨리는 경우를 자주 본다. 마음은 그렇지 않으면서도 말 한마디 잘못하거나 머뭇거리다가 그만 기회를 놓치고 만다.

반면 평소에 다소 실망시켰더라도 이럴 때 기회라고 생각하여 전폭적으로 밀어줌으로써 그동안의 실점을 만회하는 사람도 많다.

성공도 기회를 잘 잡아야 하듯이 배우자의 마음도 기회를 잘 잡아야 행복할 수 있다.

행복편지 · 21

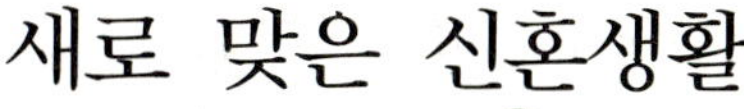

새로 맞은 신혼생활

이창수 씨는 대기업에서 정년퇴직한 분으로 올해 62세다. 이들 부부는 실제보다 10년은 젊어 보일 정도로 얼굴 표정이 밝고 건강하다.

이렇게 젊어 보이는 데는 이유가 있다. 이들은 생각과 행동이 젊은이들보다 훨씬 더 긍정적이고 적극적이어서 자신들을 끊임없이 변화시키고 있다.

창수 씨는 퇴직을 앞두고 아내가 새로운 삶을 살 수 있도록 도와야겠다고 결심했다. 그동안 자식과 남편에게 헌신하느라 아내는 자기 이름을 잊고 살았다. 오로지 '누구의 아내, 누구의 엄마'로만. 그래서 퇴직하기 전에 아내 몰래 요리학원에 등록하여 음식 만드는 법을 배웠다.

퇴직하자마자 창수 씨는 아내에게 "이제부터라도 집안일은 내가 맡을 테니 당신은 하고픈 일을 하라"고 하면서 시청이나 구청, 백화점 문화센터에서 실시하는 각종 교육프로그램을 소개해 주었다.

창수 씨는 역할을 교대한다는 생각으로 집안일에 팔을 걷어붙였다. 그런 남편에게 감동받은 아내는 남편에게 모든 걸 맡기지 않고 가능한 한 자신이 하려고 했다. 하지만 창수 씨는 시장을 직접 봐와서 음식을 요리했다.

그리고 분가해서 사는 며느리나 사위가 오면 직접 커피를 타서 내놓았다. 예전에 회사 다닐 때의 권위적인 모습을 보아온 자식들은 새롭게 변신한 아버지를 보면서 "우리 아버지는 최고 멋쟁이세요!"라며 감탄을 했다. 자식들은 편하게 대해 주는 아버지가 좋아서 그런지 예전보다 자주 와서 집안에 웃음꽃을 피웠다.

창수 씨는 아내가 나이 들면서 신체적, 정신적으로 변화하는 모습을 미리 알아채고는 외로움을 느끼지 않도록 애정표현을 자주 했다. 아내에게 키스는 물론 포옹이나 스킨십을 정말 잘했다. 함께 외출할 때는 거의 손을 잡고 다녔다. 그런 남편 덕분에 아내는 신혼생활을 다시 시작하는 것 같다며 얼마나 좋아하는지 모른다.

1남 2녀를 모두 출가시킨 후 단둘만 사는 이들을 보고 사람들은 심심하겠다고 하지만 신혼처럼 너무나 재미있게 산다.

이 부부가 이처럼 아름답게 살게 된 계기는 남편의 정년퇴직이다. 남편은 자신이 직장에서 정년퇴직 하듯이 아내도 집안일에서 정년퇴직을 하게 했다. 아내는 날마다 새로운 걸 배우고 사람들과 어울리며 하루하루를 즐겁게 지내다 보니 늙을 틈도 없다.

창수 씨 역시 마찬가지다. 정년퇴직이 아니라 집안일에 다시 취직했다고 생각하니 하는 일마다 신이 나고, 모든 게 새롭고 신기했다. 아직은 요리가 서투른 새내기에 불과한데도 아내는 만들어

낸 음식마다 맛있다며 칭찬을 했다. 그러면서 설거지를 꼭 도와주니 참 고마웠다.

그동안 아내가 정성껏 음식을 만들어 내도 창수 씨는 거의 칭찬을 해 준 적이 없었다. 그러나 칭찬을 많이 해 주는 아내에게 보답하기 위해서라도 창수 씨는 새로운 요리법을 인터넷에서 레시피를 찾아내어 그대로 했다. 그러면 아내는 어떻게 이런 걸 만들었느냐며 너무나 맛있다고 야단이었다.

심지어 아내는 며느리와 딸에게 전화를 걸어 아빠가 만든 맛있는 요리를 먹었다며 자랑을 늘어놓았다. 그런 아내에게 뒤늦게나마 맛있는 요리를 해 줄 수 있어 창수 씨는 너무나 행복했다.

창수 씨가 퇴직하면서 이처럼 생각을 바꾸니 가족 모두가 좋아했다. 아내는 새로운 걸 배울 수 있어서 좋았고, 무엇보다 집안일에서 해방되어서 좋았다. 자식들은 아버지와 어머니가 사이좋게 잘 지내서 무엇보다 좋았다. 그전에는 아버지에게 다가가는 것이 쉽지 않았다. 이제 연세가 드신 아버지가 앞치마를 두르고 직접 커피를 타주고 요리를 만들어 주시니 얼마나 좋은지 모른다. 집안 분위기도 예전과는 완전히 달라졌다.

요즘 이들 부부는 제2의 삶을 사느라 무척 바쁘다. 아내는 바깥 생활을 익히며 배우느라, 남편은 집안일을 배우느라 바쁘다.

아내는 문화센터나 구청, 시청에 이렇게 좋은 교육 프로그램이 있다는 것에 대해 너무나 고마워한다. 창수 씨도 마찬가지다. 예전에는 사람들에게 일일이 물어서 반찬을 만들었지만 이제는 컴퓨터만 치면 요리하는 방법을 자세히 알려 주는 레시피가 있어서 너무나 좋다. 누구든지 마음만 먹는다면 무슨 요리든지 할 수 있다. 정말 좋은 세상이다.

창수 씨 부부는 역할을 교대하면서 다시 신혼생활을 하느라 행복한 나날을 보내고 있다.

행복편지 · 22

남편을 내 편으로 만든 사랑의 편지

김우설, 박행자 부부에게는 매주 한 통의 사랑의 편지가 배달된다. 21년을 부부로 살면서 지금처럼 서로를 이해할 수 있고 행복하다고 느낀 적은 별로 없었다. 지금의 행복을 만들 수 있었던 건 다름 아닌 2년 전부터 시작한 사랑의 편지 덕분이다.

그 전까지만 해도 이들은 부부싸움을 자주 했다. 한번 싸웠다 하면 보통 1주일은 말하지 않고 지냈고 집안은 늘 한겨울처럼 냉기가 가득했다. 남편은 회사일로 바쁘고, 아내는 아이들 교육에 매달리느라 함께 식사할 겨를도 없었다. 각자 자기 일에만 신경쓰다 보니 어느새 부부간에는 대화가 사라지고 필요할 때만 함께 하는 의무적인 관계가 되어 버렸다.

어느 날 행자 씨는 책을 읽던 중 문득 자신들의 살아가는 모습을 떠올리며 깊은 생각에 잠겼다. 아무리 아이들이, 회사 일이 중요하다지만 부부보다 더 소중한 일이 있을까 싶었다.

'남편과의 사이가 이런데 아이들이 공부만 잘하면 뭐할까? 집안이 편안해야 아이들이 정서적으로 올바르게 자랄 수 있는데 우리 집은 어떤가? 아이들이 정말 잘 되기를 바란다면 과연 무엇이 가장 중요하고 먼저 해야 하는 일일까?'

별별 생각이 떠올랐다. 무엇보다 남편과의 관계를 잘 풀어서 집안을 편안하게 하는 것이 아이들은 물론 가족 모두에게 가장 중요하다는 것을 깨달았다. 가장 먼저 해야 할 일은 어떻게든 남편과 대화의 물꼬를 트는 것이었다. 그런데 지금까지 남편과 대화해 보았지만 불과 몇 마디 못하고 서로 말꼬투리를 잡고 싸우기 일쑤였다. 그러던 차에 말보다는 차라리 마음을 담은 편지를 쓰면 좋겠다는 생각이 들었다.

그동안 열심히 일한 덕분에 아이들과 어려움 없이 잘 생활할 수 있어서 고맙다는 내용과 앞으로 아이들 잘 키우고 아내로서 열심히 살겠다는 각오를 담은 편지를 남편이 출근할 때 입고 갈 양복 안주머니에 넣어 두었다. 그리고는 남편이 회사에 도착할 무렵 양복 안주머니를 보라는 문자까지 보냈다.

그런데 평소 밤 12시가 다 되어야 들어오던 남편이 그날 저녁 9시쯤에 들어왔다. 다른 날처럼 별 말은 없었지만 얼굴 표정이 조금 편안해 보였다. 행자 씨는 실망하지 않았다. 겨우 편지 한 통으로 남편이 금방 달라질 거라고는 기대하지 않았기 때문이다.

그 다음 주에도 한 주 동안 집안일이나 가족들에게 마음 써 준 일에 대한 고마운 마음을 담은 편지를 남편의 양복 주머니에 넣어 두었다. 이번에도 남편은 아무런 이야기를 하지 않았다. 하지만 자신과 아이들을 대하는 모습이나 조금씩 빨라지는 귀가시간에서 변화되는 모습을 느낄 수 있으나 행자 씨는 조바심을 내지 않고 느긋한 마음으로 매주 한 번씩 편지를 썼다.

드디어 반응이 왔다. 여섯 번째 편지를 보낸 다음날 아침에 남편이 출근한 후 화장대 위에 편지가 놓여 있는 것이 아닌가. 바로 남편이 쓴 편지였다.

어색하고 쑥스러워 어떻게 마음을 전해야 할지 몰랐다며 매번 보내 준 편지를 읽으면서 얼마나 고맙고 미안하던지 눈물이 나왔다고 했다. 말하기에 너무나 어색한데 편지로 마음을 전할 수 있어 참 좋다면서 앞으로는 자신도 편지로 마음을 전하겠다는 각오까지 담았다.

행자 씨는 남편의 편지를 읽으면서 참 많이 울었다. 이토록 남편이 자신과 아이들을 생각하고 있을 줄은 정말 몰라서 미안했고, 그런 마음을 알아 준 남편이 고마워서 눈물이 주체할 수 없이 흘렀다. 물론 자신이 먼저 시작했지만 한 통의 편지가 남편과의 대화에 물꼬를 텄다고 생각하니 너무나 자신이 대견스러웠다.

이렇게 시작한 편지는 시간이 흐르면서 틀이 조금씩 잡혀갔다. 우선 '사랑의 편지'라고 이름부터 지었다. 그리고 매주 일요일 밤은 서로에게 편지를 쓰는 시간으로 정했다. 고마웠거나 칭찬하는 내용과 서운했거나 바라는 마음도 담고, 한 주를 맞이하는 각오도 넣었다.

월요일 아침마다 아내는 출근하는 남편의 양복 주머니에, 남편은 아내의 화장대 위에 편지를 놓아둔다. 남편은 출근하자마자 제일 먼저 아내의 편지를 읽고, 아내 역시 남편이 집을 나서자마자 그 편지부터 읽는다. 이번 사랑의 편지에는 무슨 내용이 들어 있을까 하는 설레는 마음으로….

이렇듯 이들 부부에게 사랑의 편지는 한 주 동안 행복을 충전하는 배터리 역할을 하였다.

'열 길 물속은 알아도 한 길 사람 속은 모른다'는 말처럼 아무리 가까이 있는 부부라지만 말하지 않으면 속마음을 알 수가 없다. 그런데도 배우자가 내 마음을 몰라준다고 짜증내고 화부터 내는 경우가 많다. 심지어 "그걸 꼭 말로 해야 알아!"라며….

우리는 말하지 않으면 정말 모른다. 배우자에게 조금이라도 고마운 마음이나 미안한 마음이 일어나면 담아두지 말고 곧바로 전하자. 그런데 쑥스럽고 어색하여 머뭇거리다 보면 때를 놓치기도 한다. 또, 혹시라도 말꼬리 잡고 싸우느니 차라리 참는 게 낫다며 마음속에 차곡차곡 쌓아놓는다.

그래서 속상한 이야기나 화났을 때 말로 하면 자칫 싸움으로 이어질 수 있다. 또한 말로 하면 상대방과의 상호작용으로 인해 함부로 말할 수도 있고, 감정에 휩쓸려 제대로 전할 수도 없다.

그래서 말로 하기보다는 글로 쓰는 것이 훨씬 더 자신의 마음을 잘 드러낼 수 있고 마음도 가다듬고 정리할 수가 있다.

행복편지 · 23

내조의 여왕 '플라시보!'

자기계발 전문가인 공병호 박사는 글 쓰랴, 강의하랴, 공부하랴 어느 누구보다 바쁘다. 그런 공 박사가 음식점을 하는 아내를 대신하여 집안 살림까지 한다. 힘들지 않느냐는 주위 사람들의 말에, "무슨 일이든지 의미를 부여하기 나름이다"라고 말한다. 그동안 남편과 아이들을 위해 헌신해 온 아내를 대신해서 집안일을 맡아 한다는 것이 얼마나 즐겁고 보람 있는지 모른단다.

공병호, 서혜숙 부부는 대학교 1학년 때 만나 8년 연애 끝에 결혼하여 23년째 부부로 살고 있다. 5년 연상인 아내는 대단한 낙관주의자요 긍정적인 사람이다. 특히 논리적이고 정제된 말을 하는 공 박사에 비해 아내는 발랄하고 유쾌한 성격으로 늘 주위 사람들이 웃음보를 터뜨리도록 재미있게 말을 한다. 그렇다 보니 남편에게도 언제나 긍정적인 말을 하여 용기를 북돋아 준다.

남편이 젊었을 때는 "당신은 장차 큰 인물이 될 거다", 경제전문가가 된 후로는 "당신은 최고의 학자가 될 거다"라는 말로 끊임없이 주문을 걸었다.

아마 오늘의 공 박사가 있기까지는 아내의 끊임없는 긍정의 주문 덕분이 아닐까?

함께 사는 배우자로부터 날마다 '당신은 최고다'라는 주문을 듣는데 최고가 되지 않을 사람이 어디에 있겠는가? 더구나 하루도 아니고 몇 십 년 동안 그런 말을 듣는다면 자기 확신과 자신감이 생겨서 어떤 어려움이 닥치더라도 꿋꿋하게 이겨내어 자신이 원하는 바를 틀림없이 이루어낼 것이다. 그게 바로 '기대한 대로 이루어진다'는 '플라시보 효과'다.

더구나 공 박사의 아내는, "저는 이 세상에서 제일 행복한 여자라고 생각해요. 제일 훌륭한 남자와 사니까요. 이 사람보다 더 성실한 사람은 없을 거예요. 어느 누구보다 이 사람이 가장 실력 있고 훌륭한 학자라고 믿어요"라며 남편에 대한 절대적인 신뢰를 가지고 있다.

참으로 행복한 부부다. 공 박사는 지금의 자기가 있기까지는 낙관적이고 긍정적인 아내의 '플라시보 내조' 덕분이라고 말한다. 그래서 두 아들에게 항상 "인생 행복의 80%는 어떤 아내를 만나느냐에 달렸다"라고 강조한다.

그렇다. 누구를 만나느냐에 따라 인생이 바뀌고 운명이 달라진다. 남편에게만 아내를 잘 만나는 것이 중요한 게 아니라 아내 역시 어떤 남편을 만나느냐에 따라 인생의 행복이 결정된다. 그렇기에 우리는 좋은 사람을 만나려고 애를 많이 쓴다.

아침에 눈을 뜨면서부터 누군가를 만나기 시작하여 잠자리에 들 때까지 인생은 어쩌면 만남의 연속이다.

그런데 좋은 사람을 만나려고만 하지 말고 내가 먼저 좋은 사람이 되면 어떨까 싶다. 그러면 다른 사람들의 운명에 좋은 영향을 끼치고, 행복을 선사하는 나는 더욱 행복한 사람이 될 것이다.

무엇보다 자신이 선택한 배우자에게 먼저 좋은 사람이 되도록 노력하는 것이 훨씬 더 지혜롭다. 배우자에게 늘 긍정적인 말로 주문을 보내고, 무한한 신뢰를 보낸다면 틀림없이 배우자는 그 기대에 부응할 것이다.

행복편지 · 24

낮말은 새가 듣고 밤말을 쥐가…

어느 대기업에 근무하는 박성옥 상무는 며칠 동안 잠을 제대로 자지 못했다. 얼마 전 퇴근해서 집에 들어서는데 아내가 다짜고짜, "지난 봄 출장 때 캐나다에서 누구랑 골프 쳤어요?"라고 물었다.

"어~어, 함께 간 동료들과 캐나다에서 사업하는 사람하고 쳤지!"라며 대수롭지 않게 말했다.

"당신, 영희와 무슨 일 있었어요?"

"영희라니? 누구 말이야? 내가 무슨 일을 했다고 그래?"

"왜, 시치미 떼요? 그때 영희랑 골프 쳤으면서도 뭐 사업하는 사람하고 쳤다고요? 바른대로 말해 봐요. 걔랑 무슨 일 있었어요?"

"어~어, 그건…, 당신이 괜한 걱정을 할까 봐서…."

"그런 소리 하지도 말고 바른 대로 말해요. 아무 일도 없었다면 왜 출장 갔다 오자마자 이야기 안 했어요? 또 아까는 왜 거짓말을 한 거죠?"

"당신, 정말 왜 이래! 그렇게 날 못 믿어?"라며 박 상무는 버럭

소리를 질렀다.

그랬더니 아내는 그만 방으로 들어가 버렸다. 늦은 시간이라 잠자리에 들었지만 서로 등을 돌리고 누웠다. 하지만 도무지 잠이 오지 않았다.

'이럴 줄 알았더라면 출장 갔다 오자마자 이야기할 걸. 아니 조금 전에라도 사실대로 말할 걸….'

쓸데없이 아내가 예민하게 신경 쓸 것 같아 설마 알 리 없겠지 싶어 말하지 않았는데 일이 너무 커진 것 같았다. 아무 일이 없었으면서도 괜한 오해만 불러일으켰다는 생각에 잠이 오지 않았다.

'여자들이란 무슨 입이 그렇게도 싸지?'

그걸 무슨 대단한 자랑거리라고 여기저기 이야기해서 이렇게 일을 만드는지 도무지 알 수가 없다.

박 상무는 지난 봄 브라질로 출장가면서 비행기를 갈아타기 위해 캐나다 밴쿠버에 들렀다. 오랜 시간을 기다려야 하기에 평소 부부끼리 자주 만나서 친하게 지냈던 아내의 후배인 영희 씨가 마침 아이들 공부 때문에 그곳에 와 있어서 전화를 했더니 그녀는 형부라고 부르며 반갑게 맞아 주었다.

시간적 여유가 많아 근처의 골프장에서 동료들과 함께 즐겁게 골프를 쳤다. 그리고는 출장을 마치고 와서도 아내에게 골프 친 이야기는 하지 않았다. 괜히 이야기해서 아내가 쓸데없이 오해라도 할까 싶어서였다. 그런데 갑자기 아내가 묻는 바람에 지금에 와서 사실대로 이야기해 봐야 오히려 더 이상하게 생각할까 싶어 얼떨결에 둘러댔던 것이다. 그런데 하필이면 며칠 전 영희 씨가 귀국하여 다른 친구에게 골프 친 이야기를 했던 모양이다. 그 이야기를 들은 친구는 바로 그날 아내에게 전화하여 들은 대로 전한 것이다.

그 순간 아내는 얼마나 황당하고 배신감을 느꼈는지 모른다. 26년을 살면서 특별히 속 썩인 일이 없는 남편인데, 정말 아무 일도 없었다면 왜 즉시 말하지 않았는지, 온종일 별별 생각이 다 들었단다. 그래도 설마 '사실대로 이야기하겠지?'라는 한 가닥 희망을 가지고 물었는데 그마저도 무너졌다.

'어떻게 이럴 수가 있을까? 정말 남편 말대로 아무 일 없었을까? 그렇다면 왜 끝까지 거짓말을 했을까? 또 그렇게 나를 따르고 믿는 영희마저 왜 바로 전화로 그 이야기를 하지 않았을까?' 남편에게 이런 존재밖에 되지 않는 것 같아 너무나 비참하고 암담했다.

다음 날 박 상무는 출근했으나 하루 종일 일이 손에 잡히지 않았다. 이제 와서 어떻게 수습해야 아내의 오해를 풀 수 있을지 도무지 생각이 떠오르지 않았다. 차라리 무슨 일이라도 있었더라면 이렇게 억울하지는 않았을 것이다. '설마' 하며 때를 놓친 자신이 너무나 어리석게 느껴졌고 한없이 후회스러웠다. '낮말은 새가 듣고 밤 말은 쥐가 듣는다!'는 속담처럼 아내도 언젠가는 그 사실을 알 수 있겠다는 생각을 왜 못했을까? 지금이라도 사실대로 이야기하고 용서를 구하는 수밖에 없다는 생각이 들었다.

오해는 점점 커지게 마련이다. 자수하여 광명을 찾는 것이 제일 현명하다. 귀신은 속일지언정 아내는 속일 수 없다.

남자는 한 치 앞을 겨우 내다보지만 여자들은 20년 후를 내다본다지 않는가? 설마가 사람을 잡는다는 말처럼 '설마' 하며 아내를 속일 생각은 아예 접는 게 낫다.

행복편지 · 25

여보, 난 뭐야!

얼마 전 오랜만에 몇몇 친구들과 부부동반으로 저녁을 먹었다. 그 중 한 친구는 얼굴에 윤기가 나고 화색이 도는 데 비해 그 아내의 얼굴이 어두워 보이고 뭔가 근심에 젖어 있는 것 같았다.

이런저런 살아가는 이야기를 나누다 그 아내에게 아들딸 모두 결혼시켜서 얼마나 좋으냐고 물었다. 그런데 웬일인지 사는 게 도무지 재미가 없단다. 가슴속이 텅 빈 것처럼 너무나 허전하고, '지금까지 뭐하고 살았나?' 하는 생각이 하루에도 몇 번씩 든다고 했다.

우리는 깜짝 놀랐다. 지난 해 첫 딸에 이어 올 여름에 아들도 결혼시키고, 얼마 전에는 오랫동안 병 수발을 하며 모시던 90이 넘은 시아버지도 돌아가셨기 때문에 홀가분할 줄 알았다.

그 아내는 집안일밖에 모를 정도로 가족들을 위해 헌신적으로 살았다. 결혼하자마자 시동생과 시누이 두 명을 데리고 살면서 대학공부를 마친 후 결혼까지 시켰다. 그러다 시골에 혼자 살던 시아버지가 연로하여 건강이 나빠지자 집에 모시면서 정성으로 병 수

발을 들었다. 그런 중에도 자식들을 잘 키워 벌써 결혼까지 시켰다. 더구나 남편도 승승장구하여 대기업의 인정받는 사장이 되었다. 그 덕분에 골프도 치고 연극과 뮤지컬을 관람하며 잘 지낸다는 이야기를 들었던 터라 의외의 말에 놀라지 않을 수 없었다.

그 아내는 부부동반으로 남편모임에 참석할 때마다 옷차림은 물론 다른 여자들과 이야기하다 보면 자신이 너무나 부족한 것 같아 열등감을 많이 느낀다고 했다. 더욱 충격적인 일은 얼마 전부터 우울증 치료를 받고 있다고 해서 그 아내가 측은하고 안쓰러웠다.

워낙 주관이 뚜렷하고 열정이 넘치는 남편은 회사 일밖에 모르기 때문에 집안의 온갖 어려움이나 걱정거리는 그 아내가 혼자 감당했다. 어쩌다 하도 힘들어서 남편에게 이야기해 봐도 소용이 없었고 남편은 집안에서 못 하나 박을 줄도 모르는 사람이었다.

그러나 이제서야 아내가 예사롭지 않다는 것을 깨달았는지 얼마 전부터 남편은 가능하면 일찍 들어와서 식사도 함께하고 집안일을 도와주려고 한단다. 맛있는 걸 사먹으러 나가자고 하고, 가고 싶은 곳은 어디든지 여행을 떠나자고 하지만 이젠 모든 게 귀찮단다.

그 아내는 그동안 짐이 너무나 무거워서 앞만 보고 달려오느라 자신은 돌아볼 틈이 없었다. 이제 그 짐을 모두 내려놓고 나니 남아 있는 것은 아무것도 없었다. 어딜 가도, 누굴 만나도 못나고 부족하고 뒤떨어진 것만 같아 한없이 초라하게 느껴졌단다. 어쩌다 남들과 어울려도 고개가 숙여지고 한숨만 저절로 나온다며 그 아내는 눈물을 흘리면서 한탄을 했다.

"그동안 나한테만 짐을 지워놓지 말고, 당신이 조금만 도와주고 함께해 주었더라면, 나를 위해 공부도 하고 교양도 쌓으며 투자했을 텐데… 난 이게 뭐야!"

이 아내가 겪는 증상이 바로 '빈 둥지 증후군'이다. 가족들을 위해 열심히 살았는데 돌아보니 남편은 저만큼 높은 곳에 있으며 여전히 바쁘다. 이제 자식들은 커서 모두 떠나가고 곁에는 아무도 없어 외롭고 허전하기가 이를 데 없다. 모든 게 다 소용없고 앞으로 어떻게 살아야 할지 막막하기만 하다.

자동차가 제대로 성능을 발휘하려면 양쪽 바퀴의 공기압이 같아야 한다. 그렇지 못하고 한쪽은 압력이 충분한데 다른 쪽이 낮다면 제대로 주행할 수 없다. 이처럼 행복한 결혼생활을 위해서는 부부도 균형이 맞아야 한다.

남편이 사회적으로 지위가 높아지게 되면 아내에게도 그에 걸맞게 성장할 수 있는 기회가 주어져야 한다. 한쪽 바퀴의 힘만으로 자동차가 굴러가지 못하듯이 부부 중 한쪽의 성장이나 성공만으로는 행복할 수가 없다.

하는 일이 그래서 그런지 나는 언제부턴가 부부들을 만나면 얼굴 표정부터 찬찬히 살피는 버릇이 있다. 부부가 다같이 표정이 밝고 윤기가 나는지, 아니면 한쪽은 그런데 다른 쪽은 그렇지 않은지를 본다. 그리고 이야기를 나누다 보면 거의 짐작대로다. 부부 중 어느 한쪽은 밝고 활기가 넘치는데 다른 쪽이 그렇지 못하다면 균형이 깨진 부부다. 마치 밝고 기운이 넘치는 쪽은 그렇지 못한 배우자의 기운을 모두 뺏은 것 같다.

그래서 사람들에게 배우자의 얼굴을 종종 자세히 바라보라고 권한다. 배우자의 얼굴이 밝고 기운이 넘치는지, 아니면 내가 모두 뺏어왔는지….

지금도 늦지 않다. 그걸 깨달았으면 내가 채워주면 된다. 모든 답은 배우자 안에 들어 있다. 그걸 물어서 원하는 것을 조금씩 채울 수 있도록 도와주면 된다.

Part. 2

아내가 달라졌어요!

부부가 함께 결정을 내리게 되면
상대방으로부터 통찰력을 배우게 되고,
서로의 부족한 부분을 보완하기 때문에 실수를 줄일 수 있어서 좋다.
그리고 함께 결정과정에 참여하면서
일체감을 갖게 되므로 부부관계가 더욱 친밀해진다.

참·고·미·사·부·부·의·행·복·편·지

행복편지 · 01

활력을 가져다 준 감사휴가!

형자 씨는 얼마 전 친구들과 동남아 일대를 여행하고 왔다. 학교 졸업한 지 20년 만에, 그것도 결혼생활 16년 만의 첫 여행이었다.

그간 아이들 키우고 살림하느라 여행은 엄두도 낼 수 없었다. 더구나 가족을 떠나 여행한다는 것은 꿈도 꾸지 못했다. 그런데 하루는 남편이 퇴근해 오더니, "가족들을 위해 고생을 많이 한 당신에게 감사휴가를 주고 싶다"고 했다. 집안에서 살림만 하는 아내에게 감사휴가라니 이 얼마나 고마운가? 그 말을 듣는 순간 전기에 감전된 것처럼 정신이 멍했다.

하루라도 집에 없으면 안 된다며 혼자 친정나들이조차 허락하지 않던 남편이었다.

집안에서 자신의 자리가 소중한 줄 알면서도 늘 가족들에게 매어 있다 보니 답답할 때도 많았다. 그런데 막상 남편으로부터 그런 이야기를 듣고 나니 갑자기 무슨 일인가 싶어졌다. 남편의 마음씀씀이가 너무나 고마워 콧등이 찡해지며 눈물이 나왔다. 친구들과 함께해도 좋고, 혼자도 괜찮으니 아이들이며 집안일은 조금도 걱정하지 말고 어디든지 가고 싶은 곳에 다녀오라고 했다.

그러나 중학생과 초등학생인 아이들이 걱정되어 망설여졌다. 남편은 아이들은 자신이 책임질 테니 편안하게 다녀오라면서 거듭 당부했다. 그래도 염려가 되어 아이들에게 물어봤더니, 역시 손뼉을 치며 다녀오라고 했다.

드디어 형자 씨는 여고 동창생 몇 명과 여행을 떠났다.

그동안 가끔 '난 뭐야? 집안에서 밥하고 빨래하고 남편과 애들 뒤치다꺼리만 하다 내 인생 끝나는 게 아닌가?'라는 생각이 들었다. 그런데 그 놈의 밥이 뭔지, 며칠 동안 밥하지 않을 생각을 하니 날아갈 것 같고, 꿈만 같았다.

끼니마다 반찬 걱정하지 않아도 되고, 청소하지 않아도 되어 너무나 좋았다. 누군가가 차려주는 밥을 먹으니 이보다 더 행복할 순 없었다. 삶의 에너지가 다시 솟아나는 것 같은 시간이었다. 스트레스도 다 날아가고 친구들과 수다 떨며 지내다 보니 마치 꿈많던 학창 시절로 되돌아온 것 같았다.

하지만 해 저무는 저녁 무렵이 되면 남편과 아이들이 생각났다. 밥은 제대로 챙겨 먹는지, 학교는 잘 다니는지 온갖 걱정이 되었다.

외국에 나가면 다들 애국자가 되듯 가족을 떠나오니 남편과 아이들이 얼마나 소중한지 알 수 있었다. 여행을 보내 준 남편과 아이들에게 아내로서, 엄마로서 어떻게 살아야 하는지 깊이 생각하게 되었다. 그런 생각이 들자 여행의 즐거움보다는 남편과 아이들이 너무나 보고 싶은 나머지 눈물이 주르르 흘러내렸다.

하루빨리 돌아가서 남편과 아이들에게 더욱 잘해야겠다는 각오도 생겼고 남편에게도 감사휴가를 주어야겠다는 생각도 들었다. 남편 역시 일하느라 회사의 출장 외에는 혼자만의 시간을 갖지 못했다.

이번 여행이 형자 씨에게는 굉장한 삶의 보너스였다. 여행에서 돌아오자마자 형자 씨는 남편에게도 감사휴가를 권했다. 그래서 남편도 지난주에 설악산으로 1박 2일 동안 혼자 여행을 다녀왔다. 남편 역시 가족들 생각을 많이 했다면서 무척 즐거워했다.

남편이 휴가에서 돌아온 날 형자 씨는 남편과 합의를 했다. 행복한 가정을 위해 매년 서로에게 감사휴가를 1회씩 주기로….

행복편지 · 02

아내는 남편이 만든 작품

오늘은 성당에서 미사를 마치자마자 공원으로 향했다. 남편이 사진을 찍어 주기로 약속한 날이다.

오랜만에 가을 단풍과 잘 어울리는 빨간색 옷을 입었다. 남편은 배경이 멋있는 곳을 찾아다니며 열심히 사진을 찍어 주었다. 아마 100번 넘게 찍은 것 같다. 남편은 조금이라도 더 잘 나올 수 있도록 장소와 자세 하나까지 온갖 정성을 다했다. 덕분에 사진이 참 잘 나왔다.

내가 이렇게 사진 찍히기를 좋아하는 데는 남편의 헌신적인 노력이 있었다.

난 어릴 때부터 외모에 열등감이 아주 많았다. 얼굴 표정은 늘 어두웠고 무슨 일에서든지 자신감이 없고 소심했다. 그뿐 아니라 남들 앞에 나서는 것을 죽기보다 더 두려워했고 누가 사진을 찍어 준다고 하면 기겁하며 피하거나 화부터 냈다. 그래서 1993년까지는 변변한 사진이 별로 없었고 있다 해도 온갖 우거지상으로 나온

사진 몇 장뿐이었다.

그러다 그해 7월 어느 날, 남편은 나의 외모에 대해 자신감을 가질 수 있도록 도와주기로 작정을 했는지 거의 매주 토요일마다 사진을 찍어 주겠고 말했다. 하지만 얼굴이 못생겨서 사진 찍기를 싫어하는 내게 웃는 모습을 몰래 찍은 사진을 보여주면서 나를 설득했다. 더구나 웃는 얼굴을 찍기 위해 카메라를 들고 내 앞에서 "헬렐레, 치즈, 김치" 등 온갖 소리로 웃긴 후 그 장면을 찍었다.

특히 남편은 사진촬영 기술까지 배워가며 정확하게 1년을 찍어 주었다. 한두 달이 지나도 변함없는 남편에게 감동을 받은 나는 조금이라도 보답하기 위해 현관과 싱크대 등 집안 곳곳에 거울을 붙여 놓고 웃는 연습을 시작했다. 나 역시 거의 1년 동안 웃는 연습을 했고, 그렇게 웃는 연습을 한 덕분에 웃음이 자연적으로 내 얼굴에 배게 되었다.

그 덕분에 사람들은 내 인상이 참 좋다고 한다. 이렇게 인상이 좋다는 말을 듣고 보니 내가 봐도 인상이 괜찮은 것 같다. 그렇게 되니 조금씩 자신감도 생기게 되었다. 그런 자신감 덕분에 죽기보다 더 두려웠던 남들 앞에서 이야기하는 것도 편안해져서 남편과 함께지만 강의도 할 수 있게 되었다. 이 모든 것이 모두 남편 덕분이다.

프랑스의 작가 발자크는 '아내는 남편이 만든 작품'이라고 말했다. 남편은 작품을 잘 만들기 위해 오늘도 열심히 노력하고 있다. 이제는 남편이 카메라만 들이대면 활짝 웃는 얼굴로 응답한다.

디지털카메라는 남편이 늘 휴대하는 필수품 중 하나다. 다니다가 풍경이 좋은 데만 있으면 내 얼굴에 카메라를 들이댄다. 남편 덕분에 오늘도 아름다운 가을 추억을 또 한번 멋있게 만들었다.

행복편지 · 03

아내가 달라졌어요!

"아니, 나는 친정이 없는 줄 알아요? 어머님은 딸과 사위는 기다리면서 내게는 왜 친정 가라는 말씀은 하시지 않는지 모르겠어요? 당신 딸이 귀하면 남의 딸도 귀한 줄 알아야 될 것 아니에요?

명절 이틀 전에 와서 죽도록 일하지만 누가 알아주길 하나. 그것도 모자라 명절 때 찾아오는 딸, 사위, 조카들 시중까지 다 들어야 하니 얼마나 비참하게 느껴지는지 알아요? 결혼한 후 이날까지 그랬잖아요? 이럴 땐 당신이 나서서 해결 좀 해 주면 안 되나요?

어머님은 당신 집 딸들만 귀하게 생각하지 나를 당신 발가락 사이의 때만큼이라도 여기지 않잖아요? 나도 친정에서는 귀한 딸이란 말이에요!"

"여보, 많이 속상했지? 내가 아무것도 도와주지 못해서 정말 미안해! 오늘은 다 들어 줄 테니, 당신 마음속에 담아두지 말고 뭐든지 속 시원히 이야기해 봐."

"그리고 당신 여동생은 남의 집 며느리가 아니에요? 당신 동생이나 나나 모두 똑같은 며느리이고, 딸들이잖아요.

친정에서 우리 부모님이 나를 얼마나 귀하게 키웠는데 이런 대접을 받아야만 해요? 명절 때마다 왜 이렇게 힘들게 해요. 얼마나 압박감에 시달리는지 알기나 해요?

또, 시누이는 왜 당신에게만 전화해서 자기 돈 맡겨 놓은 것처럼 돈을 달라고 하죠? 시동생들도 마찬가지로 당신에게만 전화를 걸잖아요. 이 집안에서 나는 뭐죠? 마치 개밥의 도토리처럼 느껴져서 얼마나 속이 상했는지 몰라요."

"당신이 그런 줄도 모르고 정말 미안해, 여보! 그리고는?"

"요즘 내 속이 얼마나 타는지 당신이 알기나 해요? 한 이불 속에서 자는 마누라의 속이 얼마나 곪아터졌는지…."

"미안해 여보! 그리고는 또?"

"이번에 내가 사드린 옷이 마음에 들지 않는다고 해서 어머님은 동서 보는 앞에서 어떻게 면박을 줄 수가 있어요? 내 체면을 조금이라도 생각한다면 그럴 수는 없죠. 생각만 해도 서운하고 화가 나요. 다음부터는 옷 사드리는 일은 절대 없을 거예요."

"저런, 그런 일이 있었어? 정말 화났겠구나. 그리고는?"

"오늘은 당신이 전과 다르게 내 이야기를 중간에 가로막지 않고 다 들어 주어서 이제 다 풀렸어요."

"여보, 미안해! 당신의 그런 마음을 몰라주어서. 그런데도 지금까지 잘 참아줘서 고마워!"라며 영철 씨는 아내의 손을 꼭 잡았다.

명절에 부모님 댁을 다녀올 때마다 영철 씨 부부는 한바탕 홍역을 치렀다.

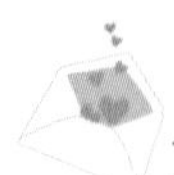

명절 동안의 마음고생을 알면서도 아내가 시댁에 대해 이야기할 때는 잘 듣지 못했다. 이야기를 시작하려면 '또 불평하는구나'라는 생각이 들어서 자신도 모르게 얼굴 표정부터 달라지고 가슴이 답답해서 아내의 말은 아예 귀에 들어오지 않았다.

그래도 억지로 참으며 몇 마디 듣다 보면 온통 시집에 대한 불만과 남편을 비난하는 것처럼 들려서 자신도 모르게 큰소리를 지르게 되니 부부싸움으로 이어졌다. 그래서 명절만 되면 영철 씨도 늘 마음이 무거워졌다.

그런데 이번에는 아내가 어떤 이야기를 하더라도 중간에 끼어들어 반박하거나 큰소리치지 말고 아내의 속마음이 어떤지 끝까지 들어보기로 굳게 마음먹었다. 하지만 아내가 어머니와 동생들에 대해 이야기하자 처음엔 중간에 끼어들고 싶은 생각이 목구멍까지 올라왔다. 그런데 눈물을 흘리며 절규하듯 토해 내는 아내의 가슴에 맺힌 이야기를 듣다 보니 자신도 모르게 목이 메었다.

남들도 다 하는 일을 가지고 불평만 한다는 생각으로 그동안 아내의 이야기를 들으려고 하지 않았던 자신이 너무나 못났다는 생각마저 들었다. 그런 아내의 마음을 조금도 헤아리지 못하고 아내를 비난한 것이 참으로 부끄럽고 미안했다. 그러면서도 지금까지 잘 참고 살아준 아내가 정말 고마웠다.

아내는 이야기를 끝내면서 그동안 제대로 들어 주지 않은 자신을 원망하지 않고 오히려 고맙다고 했다.

'이렇게 쉬운데, 왜 지금까지 아내 말을 끝까지 듣지 못했을까?'라고 생각하니 자신이 참으로 한심스러웠다.

아내 역시 남편이 자신의 문제를 해결할 수 없다는 것을 잘 알고 있기 때문에 해결해 달라는 뜻으로 이야기한 것이 아니라 답답한 마음을 이해 받고 싶고 위로 받고 싶은 마음뿐이었다.

그동안 남편이 이야기를 들어 주기보다는 중간에 끼어들어 비난하거나 큰소리칠 때는 마치 '때리는 시어머니보다 말리는 시누이가 더 밉다'는 말처럼 남편에게 훨씬 더 서운하였다. 하지만 이번에는 중간에 끼어들지 않고 끝까지 들어 주었을 뿐만 아니라 자신의 마음을 이해하기 위해 노력하고 위로해 주니 고마운 마음이 들었다.

이제서야 남편이 남의 편이 아니라 내 편이라는 생각마저 들었고 앞으로 답답한 일이 있을 때는 남편에게 이야기해야겠다는 생각까지 들었다.

아내가 가슴에 쌓인 이야기를 다 토해낸 후 조금은 후련해하는 모습을 보면서 영철 씨는 앞으로 아내가 어떤 말을 하더라도 중간에 개입하지 않고 끝까지 잘 들어야겠다고 다짐했다.

이들 부부처럼 배우자와 이야기할 때는 중간에 자르거나 개입하지 말고 이해하려고 노력하면서 끝까지 진지하게 들어야 한다. 물론 아내가 부모나 형제에 대해서 이야기하는 것을 참으면서 듣기란 여간 쉽지 않다. 하지만 아내의 입장을 생각하면서 중간에 자르거나 개입하여 해결해 주려고 하기보다는 끝까지 잘 들어 주면서 진심으로 이해하려고 노력하는 것이 중요하다.

이야기를 듣다 보면 중간에 끼어들고 싶어서 도저히 견디기가 힘들 때가 있다. 그렇더라도 배우자의 말을 잘 듣기 위해서는 말하는 동안에 반박하거나 답을 주며 조언하고 싶은 욕구를 참아야 한다.

이 순간만큼은 오직 배우자를 위해서 이기심을 버리고 듣는 일에만 집중함으로써 배우자가 속마음을 솔직하게 표현할 수 있도록 충분한 시간을 주고 관심과 이해를 보내야 한다.

행복편지 · 04

당신은 언제나 '왕따!'

초등학생 자녀가 두 명인 40세의 회사원 박병수 씨는 요즘 아내와 자주 싸운다. 특히 부모님 댁에만 갔다 오면 거의 싸웠다. 아마 아내는 부모님의 잔소리에 가시가 박힌 모양이었다. 병수 씨는 하도 답답해서 아내와 싸웠던 일들을 부모님에게 말씀드리면서 부탁을 했다.

"며느리가 비록 마음에 들지 않더라도 제발 아무 말씀 하지 말아주세요. 물론 누나와 동생들도 마찬가지고요. 여기서 한마디 듣고 집에 가면 모두 나한테 돌아오고, 끝내 싸우게 된다고요."

그 이야기를 들은 부모는 기가 막혔다. 하나뿐인 아들은 결혼 전만 해도 콩을 팥이라 해도 믿어 주고, 죽으라면 죽는 시늉까지 했었다. 그런 아들을 이렇게 만든 며느리가 괘씸하기 짝이 없었다. 하지만 어떡하랴. 아들이 힘들다는데….

돌아보면 지난 12년 동안 부모님은 아내에게 잘 살라는 뜻으로 잔소리를 했지만 별로 달라진 게 없고 오히려 부부 사이만 더 멀

어졌다.

그런 일이 있은 지 얼마 안 되어 오랜만에 부모님 댁에 형제들이 다 모였다. 가족들이 한창 재미있게 이야기하다 아내가 들어오면 모두 쉬쉬하며 말조심했다. 어쩔 수 없이 아내는 왕따를 당하며 점점 시댁 식구들과 멀어져 갔다.

아내는 집안의 대소사는 물론 시부모님의 생일도 모르는 건지, 알면서도 그냥 흘려버리는지 별로 관심이 없는 것 같았다. 왜 그러는지 아내의 속마음을 전혀 알 수가 없어서 안타까웠다. 부모님은 속도 상하고 서운하면서도 당신 아들의 마음이 상할까봐 아무 말씀도 하지 않으셨다.

병수 씨 역시 아내와 부딪히기 싫어서 그냥 넘어갔다. 본가에 일이 있어도 아내가 미리 알고 챙기지 않으면 병수 씨 혼자 다녀왔다. 어머니는 벌써 몇 년째 아들집에 가지 않았고 앞으로도 갈 생각이 없어 보였다.

병수 씨는 어머니와 아내 사이를 보면 많이 답답했다. 차라리 모든 걸 잊은 채 회사 일에만 열중하고 싶었다. 그러다 보니 귀가 시간은 점점 늦어졌고 아내와의 대화도 거의 없어졌다.

그런데 요즘은 걱정 한 가지가 더 늘었다. 초등학교 다니는 아들이 자신을 그대로 닮으면 어떻게 하나 해서다. 자신도 별로 좋아하지 않는 아버지를 갈수록 참 많이 닮았다는 것을 알았다. 더구나 아이들은 아빠 엄마가 살아가는 모습을 보고 그대로 배운다고 하지 않는가.

특히 전문가의 연구에 의하면, 자녀들이 자라서 다른 사람들과의 인간관계나 일하는 방법이며 행동방식 등 많은 부분에서 어머니보다 아버지의 영향을 더 많이 받는다고 한다. 그런 생각을 하니 어떻게든 아내와 친밀하게 지내야겠다는 생각이 든다. 하지만 어떻게 아내에게 다가가야 할지 잘 몰라서 답답하다.

돌아보면 지금과 같은 아내와의 관계에 대한 책임이 모두 자신에게 있는 것 같았다. 부모님과 가족들의 잔소리나 간섭에 바람막이가 되어 주기는커녕 오히려 핀잔을 주었으니 아내의 심정이 어떠했을까?

물론 병수 씨도 아내가 부모님으로부터 야단을 들을 때마다 안타깝고 답답했지만 어떻게 해야 될지 잘 몰랐다. 그래서 아내가 더는 잔소리를 듣지 않았으면 하는 바람으로 충고한다는 것이 그만 더 큰 상처를 주고 말았다.

병수 씨는 요즘 아내와의 관계를 개선하기 위해 전문가의 도움을 받으며 정성을 다하고 있다.

행복편지 · 05

청개구리 내 아내!

오늘 점심은 그야말로 현미 잡곡밥이다. 현미 40%에 팥, 콩, 조, 율무, 보리, 통밀… 등등 11가지가 들어갔다. 아내가 이런 점심을 준비하리라곤 상상도 할 수 없었다.

불과 한 달 전까지만 해도 흰 쌀밥 외에는 먹을 수 없다던 아내였다. 그것도 현미밥을 먹었더니 도저히 위가 쓰려 견딜 수 없다는 핑계(?)까지 대면서.

그런데 며칠 전에는 현미와 보리쌀을 조금씩 넣은 밥을 해서 먹더니 드디어 오늘은 흰쌀이 전혀 들어가지 않은 완전한 현미 잡곡밥을 차렸다. 우리 부부는 누가 더 오래 씹는지 내기라도 하듯 그 밥을 오래오래 꼭꼭 씹어 먹었다.

입 안이 조금은 거칠게 느껴졌지만 씹으면 씹을수록 구수한 맛이 우러나왔다. 여기에 온갖 야채와 된장찌개, 미역귀, 양파, 생선 한 토막과 멸치를 고추장에 찍어서 먹으니 그 맛은 가히 일품이었다.

그동안 흰 쌀밥이 건강에 좋지 않으므로 오래 전부터 현미밥을 먹자고 했지만 아내는 들은 척도 안 했다. 때로는 몸에 좋다는데 왜 해 보지 않느냐고 강요도 했다. 그러나 아내는 "그렇게 먹고 싶으면 혼자 먹으세요"라며 버텼다. 어떻게 건강하고 싶다고 나 혼자 먹느냐며 달래도 보고 화도 내봤지만 그럴수록 아내는 더욱 완강하게 버티는 것 같았다. 아무리 좋은 음식이라도 억지로 먹은들 무슨 소용이 있겠느냐는 생각이 들어 하는 수 없이 포기하고 말았다.

그런데 몇 년 전 다이어트를 한 후로 아내는 건강에 많은 관심을 갖게 되었고, 몸에 좋다면 뭐든지 식탁에 올리려고 했다. 나이 들수록 건강해야 한다면서 말이다.

만약 내가 예전처럼 건강을 위해 이것 하자 저것 하자고 했더라면 틀림없이 아내는 건강에 별로 관심을 갖지 않았을 것이다. 왜냐하면 그동안 아내는 적어도 남편인 나한테는 청개구리 본성을 곧잘 드러내며 살아왔기 때문이다.

뭐든지 하라고 하면 더 하기 싫다는 얘기를 하면서 애를 태웠다. 아마 그동안 나로부터 늘 강요받으며 살다 보니 아내의 이런 청개구리 본성이 나오지 않았나 싶다. 그래서 이제는 아내가 했으면 좋겠다 싶은 일이 있어도 서두르지 않고 느긋하게 기다린다. 또 아내의 청개구리 본성이 발동할까 봐서다.

그럼에도 나는 청개구리 같은 아내를 너무너무 사랑한다. 아내는 나로 하여금 인내와 여유가 무엇인지 일깨워주는 스승이다.

행복편지 · 06

열 효자보다 나은 악처!

어제 저녁에는 70이 다 되신 친척 어른과 저녁식사를 했다. 사실은 그분의 부인에 대해 말씀드리기 위해 찾아갔다.

얼마 전 그 부인은 우리에게 충격적인 이야기를 털어놓았다.

"이 양반과는 도무지 말이 통하지 않아. 지난 40여 년은 아무리 속이 썩어도 그냥 참으며 살았는데 며칠 전에는 이 양반과 이야기하다 미칠 것만 같더라. 견딜 수가 없어 뛰쳐나가 산에 올라가서 얼마나 고함치며 울부짖었는지 모른다. 집에서 소리치면 이웃집에 들릴 것 같아 산에 갔다. 또 어느 날은 문득 아파트에서 뛰어내리고 싶을 때도 있다. 내가 이렇게 살아서 뭐하나 하는 생각이 가끔 든다"고 했다.

가끔 만날 때마다 그 분은 남편에 대한 속마음을 털어 놓았다. 특히 삶이 고통스럽다는 말을 많이 했다. 그런데 남편과는 도무지 말이 통하지 않아 이야기하고 싶지도 않고 해봐야 들은 척도 않는다고 했다. 그 남편은 어느 누구의 말도 안 듣지만 그래도 우리 부부의 이야기는 듣는다고 했다.

그 이야기를 듣는 순간 심각한 상태라고 생각되었고, 아마 그대로 두면 혹시 큰일(자살)이 일어날 것만 같은 예감도 들었다.

그래서 그분과 이야기 나눌 기회를 찾던 중 마침 그 부인이 며칠 동안 시골에 다니러 가고 혼자 지낸다는 것을 알았다. 우연히 그곳을 지나게 되었다면서 전화를 드리고 찾아갔다. 혼자 지내니 어떠신지부터 물었다. 반찬은 해놓고 갔지만 그래도 많이 불편하단다.

지난번 부인이 했던 얘기를 꺼냈더니 괜찮을 거라며 걱정하지 말라고 했다. 그래서 대지진도 일어나기 전에 미리 신호를 보내 예고하듯이 지난번 말씀을 들으니 혹시 큰일이라도 일어날까 걱정된다고 했더니 그때서야 조금 놀라는 것 같았다.

우리는 유사한 상담사례와 전문가의 연구결과까지 말씀드렸다. 그리고는 '열 효자보다 악처가 낫다'는 말처럼 편안하게 노후를 보내려면 부인과의 관계를 개선해야 한다고 말씀드렸다. 다행히 그분은 어떻게 하면 되는지 자세히 가르쳐 달라고 했다.

무슨 일이든지 계기가 필요하듯 혼자서 지낸 며칠간이 참 좋은 기회라며 우리 부부는 쉽게 실천할 수 있도록 몇 가지 말씀을 드렸다.

부인이 돌아오면 손을 잡으면서 "혼자 있으니 당신이 얼마나 소중한지 알았다. 그동안 당신에게 고생을 많이 시켜서 미안하고 고맙다. 앞으로는 내가 잘하도록 노력하겠다"고 이야기하라고 했다. 그리고 나서 부인에게 어떻게 해 주면 좋은지, 무얼 하고 싶은

지 물어본 후 가능하면 들어주라고 했다.

그 분은 잘될지는 모르지만 이번 기회에 가르쳐준 대로 해 보겠다고 약속을 했다. 우리 부부는 잘할 수 있을 거라고 격려해 드린 후 헤어졌다.

돌아오면서 뿌듯함을 느꼈다. 우리 부부의 이야기를 거절하지 않고 그래도 해 보겠다는 용기가 얼마나 고마운지 모른다. 그래서 마음속으로 힘찬 박수를 보냈다.

그런데 놀라운 일이 일어났다. 며칠 후 그 부인의 활기찬 목소리가 들려왔다. 어제 집에 왔는데 무슨 일이 있었는지 모르지만, 남편이 그동안 고생을 많이 시켜서 미안하고 참 고맙다며 두 손을 꼭 잡더라는 것이다. 더 놀라운 일은 '앞으로는 내 눈치 보지 말고 당신이 마음먹은 대로 무슨 일이든지 해 보라'고 이야기했다는 것이다. 과연 그 마음이 며칠간 계속될지 모르겠지만 살맛이 난다며 목소리에 활기가 있었다.

이렇게 빨리 효과가 있을 줄은 상상하지 못했다. 남편이 다정한 몇 마디 말과 손을 잡아준 일밖에 없었는데, 40여 년간 얼어붙었던 그 부인의 마음이 한순간에 봄눈처럼 녹아버렸다.

사람의 마음은 이처럼 단순하다. 배우자의 다정한 말 한마디, 따뜻한 손길 하나로 그동안 얼어붙었던 마음이 녹아버린다.

그런데 그 분은 지금까지 가장으로서, 남편으로서 누구보다 성실하게 살아왔고 잘하고 있다고 믿었단다. 그러다 아내가 힘들어 한다는 이야기를 듣고 나서 자신이 잘못하고 있다는 것을 깨닫게 되었단다.

이처럼 많은 사람들은 자신이 배우자에게 어떻게 하고 있는지 잘 모른다. '알아야 면장을 하지'라는 말이 있다. 그런데 모르면 물어보면 된다. 아무리 나이가 많아도 아내에게 어떻게 다가가야 마음을 얻을 수 있는지 그 방법을 잘 모른다. 그렇다면 꼭 실천하겠다는 마음으로 배워야 한다.

알고 나면 아주 쉬운 단순한 지혜가 있는데도 자신이 살아온 방식대로 살려고만 한다. 그렇다 보니 나이가 들면서 부부 사이가 소원해지는 경우가 많다.

그리고 남자들은 나이가 들수록 아내의 도움 없이는 얼마나 힘이 드는지를 잘 모른다. 하지만 여자들은 남편이 없어도 모든 것을 혼자 힘으로 해결하며 잘 살 수 있다. 그래서 황혼이 깃들수록 부부가 다정하게 사는 게 참으로 소중하다.

'끝이 좋으면 다 좋다'는 말처럼 젊어서 아무리 잘 살았더라도 나이 들어 불행하면 그 인생은 실패한 인생이다. 우리 자식들을 위해서라도 서로 배려하며 마음을 보듬어 주자.

행복편지 · 07

돈 관리는 '안주인'에게

얼마 전 어느 대기업에 다니는 31세의 미혼 남자가 물었다.

"결혼 후에 돈 관리는 부부 중 누가 하는 게 좋습니까?"

그 청년에게 누가 관리하면 더 잘할 것 같으냐고 되물었다. 부서 직원들과 동아리 회원들에게 조사해 보았다면서, "아내가 관리하는 사람들은 80% 이상이 비교적 안정되게(부부관계와 경제적으로) 살고 있었습니다. 반면 남편이 관리하는 사람들은 50% 이상이 중간 이하의 삶을 살아가고 있었습니다. 경제적인 면뿐만 아니라 부부관계가 아주 힘든 경우도 제법 있었어요. 특히 남편이 돈을 관리할 경우는 아내에게 잔소리를 많이 해서 자주 싸운다고 했습니다.

그리고 일부 맞벌이 중에는 각자 관리하는 부부도 있었습니다. 이들은 시댁이나 친정에 주는 용돈이며 쇼핑도 각자 하고 있었는데, 아마 배우자에 대한 신뢰가 부족한 것 같았습니다. 더 큰 문제는 그들 중에 이혼을 쉽게 생각하는 사람도 있었습니다.

그래서 저는 결혼하면 돈 관리는 모두 아내에게 맡길 생각입니다"라고 말했다.

그렇다. 이 청년이 조사한 것과 학자들의 연구결과가 거의 일치한다. 대부분의 남자들은 일확천금을 꿈꾸다 보니 모험이나 투기를 선호한다. 벌 때는 왕창 벌지만 잃을 때도 한꺼번에 모두 잃어버린다. 하지만 여자들은 언제나 가족을 먼저 생각하기 때문에 모험보다는 안정된 생활을 위하여 알뜰하게 살림한다. 그래서 남편보다 아내가 가정경제를 맡는 것이 훨씬 더 안정되고 편안하다.

한편 남자들이 경제권을 가지면 아껴 쓰라는 잔소리가 많다. 심지어 가계부 검사는 물론 어떤 경우에는 영수증까지 내놓으라고도 한다. 그렇게 되면 부부 사이에 신뢰가 무너져서 부부싸움이 잦거나 아내는 심한 스트레스를 받는다. 상담을 하다 보면 경제권이 원인이 되어 잦은 부부싸움 끝에 급기야 이혼에 이르는 경우도 보았는데 너무나 안타까운 마음이 들었다.

그런데 우리 선조들은 지혜롭게도 집안 살림은 모두 아내가 맡았다. 예전에 아내를 '안주인'이라고 호칭한 것도 그래서 붙여진 모양이다. 그러므로 가정의 평화와 행복을 위해서는 가능하면 아내가 집안 살림을 맡는 것이 좋겠다. 왜냐하면 안주인이니까!

행복편지 · 08

당신과의 인연은 여기까지

얼마 전 어느 50대 중반의 선숙 씨가 찾아왔다.

자식들도 모두 혼인했으니 이젠 더 이상 참고 살 이유가 없다면서 이혼하겠다고 했다. 그동안 선숙 씨는 이혼하기 위해 열심히 살았다. 바로 내년이 그토록 기다리던 결혼생활 30년이다. 더구나 지난달에 둘째 아들까지 혼인시켜 부모로서 마지막 책임을 다했다.

남편은 집안일은 거들떠보지도 않고 무려 5개 단체에서 봉사활동을 하느라 몸이 열 개라도 모자랄 지경이었다. 거기다 두 곳에서는 회장직을 맡았으며 요즘은 회원들과 김장을 담아 어려운 이웃에게 배달하느라 정신이 없다. 남편은 그 일이 얼마나 즐거운지 피곤한 모습이라곤 찾아볼 수가 없다. 남편은 본인이 없으면 봉사단체가 올 스톱된다고 생각하는 것 같았다.

그런 남편을 밖에서는 참 훌륭한 사람이라고 이야기하지만 그럴 때마다 선숙 씨는 '모르는 소리 하지 마라'고 속으로 말한다.

선숙 씨는 늘 혼자 있다 보니 외롭고 쓸쓸하기 짝이 없다. 자식들 역시 아빠의 사랑을 모른 채 자랐다. 남편은 돈만 벌어다 주면 가장으로서 책임을 다한다고 생각하는 것 같았다.

아이들이 어렸을 때 선숙 씨는 봉사활동을 적당히 하고 가족들과 함께 지내자고 호소도 많이 했었다. 하지만 남편은 들은 척도 않고 하고 싶은 일은 하고야 마는 고집불통이었다. 더구나 봉사활동은 가족을 위해 하는 일이라며 큰소리까지 쳤다.

선숙 씨는 자신이 하숙집 주인에 불과하다고 생각했다. 더구나 몇 년 전부터 우울증까지 와서 몸과 마음도 많이 약해졌다. 올해는 몸이 아파서 김장을 담지 못해 김치를 사서 먹었는데 이런 선숙 씨에게 남편은 행복에 겨워 그런다고 말했다.

29년을 부부로 살았지만 즐거웠던 추억이 별로 없다. 마치 집을 지키는 강아지처럼 주인 오기를 기다리며 항상 혼자 짖어대면서 기다렸다. 이제 더 이상 남편과 남은 인생을 함께 살아갈 자신이 없다.

남편은 항상 남을 배려하는 것을 우선으로 했다. 어쩌다 남편과 함께 모임에 가도 자신은 늘 뒷전이고 남들만 챙겨 주었다. 그럴 때마다 자신은 남편에게 아무런 존재도 아니라는 생각이 들어 얼마나 속이 상했는지 모른다.

하지만 사람들은 "이렇게 배려심이 많은 자상한 남편과 사는 부인은 얼마나 행복하세요?"라고 했다. 선숙 씨는 그런 말을 들으면 속이 터질 것 같아서 "어디 한 번 살아 보세요"라고 말하고 싶었다.

이제 부부로서의 인연은 여기까지라 생각하며 마칠 준비를 한다.

매년 황혼이혼이 점점 늘어가고 있다. 특히 나이가 들면서 더 이상 참고 살지 않겠다며 이혼을 요구하는 경우가 남자보다 여자가 훨씬 더 많다. 젊었을 때는 아이들을 키우느라 무조건 참으면서 살았지만 아이들이 대학에 들어가거나 결혼하고 나면 마음이 바뀐다. 더 이상 남편에게 매달려 불행한 삶을 살기보다는 남은 인생을 자유롭게 살고 싶어 한다.

갑자기 당하는 남편으로서는 황당할 수밖에 없다. 수십 년 동안 살면서 미운 정 고운 정 다 들었는데 이제 와서 이혼하겠다니 억장이 무너질 것이다. 하지만 모든 게 자신이 뿌린 씨앗의 결과인데 어쩌랴. 젊었을 때 아내와 자식을 돌보지 않고 자기만의 생각으로 산 탓이다. 또, 이와 반대로 아내가 집안 살림은 팽개쳐두고 밖으로만 돌아다니는 경우도 마찬가지다.

무엇보다 가장 중요한 것은 배우자와 함께하는 삶이다. 물론 부부가 함께하는 것이 가장 좋지만 불가피할 경우엔 배우자에게 양해를 구하는 것이 필요하다. 배우자가 반대하는데도 굳이 고집을 부린다면 반드시 그 대가를 치르게 된다.

물론 젊고 건강할 때는 혼자 힘으로 얼마든지 생활할 수 있기 때문에 배우자의 중요성을 잘 모른다. 하지만 얼마 지나지 않아 곧 깨닫게 된다. 그러나 그때는 이미 늦었다. 그렇기 때문에 젊었을 때부터 작은 일이라도 배우자와 의논하는 것이 필요하다.

'저 가을 산을 어떻게 혼자 넘나, 둘이서도 그렇게 힘들었는데…'라는 말이 있다. 황혼기에 이른 부부가 서로 보살펴 주면서 함께 인생 고갯길을 넘어도 힘이 드는데, 혼자 가면 얼마나 외롭고 힘에 부치겠는가.

젊어서 사회적으로 활발하게 활동할 때는 외로운 줄도 힘든 줄도 모른다. 하지만 나이가 들어 사회적 활동에서 물러나게 되면 모든 게 부질없다는 것을 깨닫게 된다. 더구나 배우자와 가족들로부터 외면을 받으면 아무리 과거에 훌륭한 일을 했고, 사회적으로 명망이 높았더라도 모래성에 불과하다. 나이 들어 가장 성공한 경우는 누가 뭐래도 배우자와 함께하는 행복한 가정이다.

그리고 아무리 부부라지만 말을 하지 않으면 서로의 속마음을 잘 모르기 때문에 힘들면 힘들다는 말을 해야 배우자는 알 수 있다. 그렇지 않으면 아무 문제없이 만족하며 사는 줄 안다. 하지만 말하기 싫거나, 말을 했는데도 배우자와 해결이 안 되는 경우가 있다. 그럴 때 무조건 참지 말고 곪아 터지기 전에 전문가의 도움을 받아야 한다.

몸이 아프면 병원에 가듯이 부부 사이도 마찬가지다. 그렇지 않고 병을 키우게 되면 나중에 더 큰 대가를 치른다. 자신은 물론 자녀와 배우자 모두 피해자가 될 수 있다.

버스가 떠난 후에 아무리 손을 흔들어도 소용이 없다.

행복편지 · 09

말 한마디로 천 냥 빚을 갚는다는데…

정희 씨는 남편이 집에 있으면 체한 것처럼 가슴이 답답하다. 언제 속을 뒤집어 놓는 말을 내뱉을지 몰라 신경이 곤두선다. 남편은 아무런 뜻이 없는 말이라지만 듣는 사람은 가슴에 대못으로 박힌다. 그동안 생각 없이 내뱉는 남편의 말로 인해 가슴에는 너무나 많은 상처가 나 있다.

남편은 다른 사람들에게는 얼마나 예의 바른지 모른다. 오직 집에만 오면 가족들에게는 함부로 말한다. 특히 아내에게 더 심하다. 어떨 때는 남편이 내뱉는 한마디에 소름 끼칠 정도로 온갖 정이 다 떨어졌다. 그래도 자신은 아내라서 어느 정도 참을 수 있지만 아이들에게까지 정떨어지게 말하는 것을 보면 도무지 이해가 되지 않았다.

중고등학교에 다니는 아이들은 아빠라면 아예 근처에 얼씬도 하지 않는다. 참으로 안타까웠지만 자신도 너무 싫은데 아이들은 오죽하랴 싶어서 탓할 수도 없다.

그런데 남편은 누구보다 성실하고 알뜰해서 경제적으로는 별 어려움이 없었지만 돈만 벌어다 준다고 해서 가장의 책임을 다하는 것은 절대 아니다. 실컷 잘해 주고도 말 한마디로 모든 것을 허물어 버리는 남편이었다.

자신도 맞벌이 하느라 힘들고, 아이들도 공부하느라 얼마나 힘이 들겠는가? 그런 가족들에게 사랑이 담긴 따뜻한 말 한마디가 얼마나 큰 용기를 주고 힘이 되는지 모르는 모양이었다. 가족들을 위해 많은 고생을 하고도 환영 받지 못하는 남편을 보면 때로는 안타깝기도 했다.

퇴근하여 가족들을 만나면 웃으면서, 아니 웃지 않아도 괜찮다. 다만 부드러운 말로 격려해 주고 인정해 주는 말 한마디면 된다. 하지만 남편은 집에 오면 사사건건 꼬투리 잡는 말과 비난하는 말만 골라 했다. 지금까지 단 한번도 "잘했다, 수고했다, 힘들지?"라고 말한 적이 없다. 그런 남편을 가족들은 아무도 좋아하지 않았고 피하려고만 했다.

세 치 혀가 사람을 죽이기도 하고 살리기도 한다지 않는가? 같은 말이라도 '아' 다르고 '어' 다르듯이 이왕이면 부드럽고 따뜻한 말이면 얼마나 좋을까?

정희 씨가 남편에게 바라는 건 오직 그것뿐이다.

행복편지 · 10

얼마나 좋은지 너도 결혼해봐?

대학교 4학년인 은희는 가능한 한 빨리 결혼하고 싶다. 아빠 엄마를 볼 때마다 '나도 빨리 결혼해서 저렇게 살고 싶다!'는 생각이 든다.

아빠가 돌아올 시간이 가까워지면 엄마는 몇 년 만에 만나는 연인처럼 기다린다. 현관문을 여는 소리가 나면 얼른 달려 나가 환하게 웃으며 포옹으로 맞는다. 옷을 갈아입기 바쁘게 두 사람은 식탁에 앉아 무슨 할 얘기가 그렇게 많은지 이야기보따리를 풀어놓는다. '점심은 뭘 먹었고, 오늘 무슨 일을 했으며, 누굴 만났느냐?'와 같은 아주 사소한 것에서 시작된 이야기는 시간가는 줄 모르고 이어진다.

그러다 안방으로 들어가기에 이제 잠자리에 드는가 싶었는데 여전히 웃음소리가 끊이질 않는다. '무슨 할 얘기가 저리 많을까?' 싶어 가보면, 잠자리에 누운 채 여전히 얘기를 나누고 있다.

"무슨 얘기가 그렇게 재미있어요?"라며 끼어들면, 아빠는 "너도 결혼해 봐라 얼마나 좋은지?"라고 말할 뿐이다.

그런 아빠에게 "어디 외로워서 살겠어요? 나도 빨리 결혼해야지!"라며 눈을 흘겼다.

그런데 두 분은 심각한 얘기나 의논할 사항이 있을 때는 꼭 산책을 나간다. 그런 낌새를 알아채고, "제가 나갔다 올 테니 집에서 이야기하세요"라고 해도 걸으면서 이야기하면 훨씬 더 좋다면서 어김없이 집을 나선다. 잠시 후 밝고 즐거운 모습으로 들어서는 아빠엄마를 보면서, '산책이 참 좋구나!'라는 생각이 들었다.

그런데 놀라운 일은 자신도 어느새 생각해야 할 일이 있거나 아이디어가 떠오르지 않으면 학교에서나 집에서나 밖으로 나가 산책하는 버릇이 생겼다.

또, 아빠 엄마에게는 특별한 행사가 한 가지 있다. 일요일 저녁에는 그 어떤 약속도 하지 않는다는 것이다. 오직 두 사람만의 시간을 갖기 위해 외출을 한다. 매일 그렇게 이야기를 나누면서 어디를 가느냐고 물으면, 웃으면서 "너도 결혼해 봐라!"라는 말만 할 뿐이다.

나중에 알고 보니 정말 의미가 큰 행사였다. 열심히 살아온 한 주를 서로에게 감사하고, 다음 한 주를 더 사랑하며 살기로 다짐하는 시간이란다. 그래서 한 주 동안 먹고 싶었던 음식도 먹고, 영화나 연극, 뮤지컬을 관람하거나 분위기 있는 찻집에서 차를 마시면서 의미 있는 시간을 보낸다고 했다. 그리고 나서 저녁 9시쯤에 돌아오는데, 그렇게 행복해 보일 수가 없다.

그런 부모를 보면서 '나도 빨리 결혼해서 저렇게 살아야겠다!'

라고 마음속으로 다짐해 본다.

좋은 남편, 좋은 아내는 마음속에 있는 이야기를 서로에게 나눌 수 있는 사이다. 다른 사람들의 이야기가 아닌 바로 자신의 이야기를 나눌 수 있을 때 더욱 가깝게 느껴진다. 그런 부모를 보면서 자녀들은 배운다. 자녀들은 부모가 시키는 대로는 하지 않고 부모가 하는 대로 한다.

우리 자녀들이 행복하게 잘살기를 원한다면 먼저 우리 부모가 그렇게 살면 된다. 인간관계의 모든 것은 집에서 부모를 보면서 배운다. 그래서 가정교육이 중요하다고 하는 것이다.

'자식은 부모의 살아가는 모습을 보면서 자신의 미래를 내다본다!'는 말이 떠오른다.

행복편지 · 11

나는 이 집에서 뭐란 말이오?

"창수는 어디 갔어?"

"피아노학원에 갔어요?"

"뭐라고? 남자아이에게 무슨 피아노를 배우게 해?"

"당신은 모르면 잠자코 있기나 해요. 피아노를 배워야 음악 성적이 좋아진다고요."

"그래도 그렇지, 창수가 태권도나 배워서 좀 씩씩해지기를 바랐는데…."

"당신은 애들 교육에 아무것도 모르면서 왜 나서세요? 제발, 애들 문제에 참견하지 말고, 당신 일이나 잘 하세요!"

박상대 씨는 '애들 문제에 참견하지 말라'는 아내의 한마디에 말문이 막혀버렸다.

'그럼 난 아버지가 아니라 가족을 위해 돈이나 벌어 오는 기계란 말인가?'

아내가 이렇게 하니까 초등학교 2학년인 아들이나 5학년인 딸

도 무슨 일이 있으면 엄마하고만 의논한다. 그럴 때마다 소외감이 든다.

어쩌다 아빠로서 애들의 교육에 대해 한마디 하려고 하면, 아내는 자신의 영역을 침범하는 것처럼 화를 낸다. 그러면서도 아내는 쉬는 날이면 애들과 놀아주지 않는다고 투덜댄다. 그렇다고 애들 앞에서 차마 싸울 수도 없어서 그냥 꾹 참는다.

'그럼, 나는 이 집안에서 뭐란 말이야?'라는 씁쓸한 생각이 들어 혼자 베란다에 나와 담배 연기를 길게 내뿜으면서 한숨을 쉰다.

부부는 살아가면서 수도 없이 많은 결정을 한다.

물품 구입, 외출, 저축, 양가 부모님 방문, 외식, 자녀교육, 선물, 약속, 부동산 매매, 직장 이동, 금전 수수 등 무수한 일들을 결정하며 산다. 이런 결정들은 부부에게 정말 소중한 일이다.

그런데 부부 사이에서 이렇게 중요한 일들을 어떻게 결정하고 있는가?

'이 일은 배우자가 잘 모르기 때문에', '이 분야는 내가 더 전문간데 배우자와 의논하는 것은 시간낭비다' 또는 '미리 이야기하면 틀림없이 반대할 것이므로', '지난번에 자기 맘대로 결정했으니 이번에는 내가 알아서 해야겠다' 등등의 생각으로 혼자 일방적으로 결정하는 경우가 있다. 그리고 '아이들 문제는 아내가 더 잘 아니까', '경제적인 문제는 남편이 훨씬 더 전문가니까'라며 서로 영역을 정해서 결정권을 행사하는 경우도 있다.

이럴 때 그 결정과정에서 제외된 배우자는 소외감을 느낀다. 비록 그 결정이 잘 되었다 하더라도 부부관계는 친밀해지지 않는다. 이러한 삶은 부부가 서로에게 흡수되지 못하므로 결혼생활이라기보다 마치 할 일을 중심으로 한 집에서 사는 동업자와 같다. 의식적이든 무의식적이든 부부 중 어느 한쪽이 일방적으로 결정하는 것은 부부관계에 있어서 바람직하지 못하다.

무엇보다도 일상적으로 하는 결정에서 가장 중요한 것은 부부가 함께 결정과정에 참여하는 것이다. 이는 그 결정의 결과보다 결정과정에 부부가 얼마나 서로의 감정을 존중하고 배려하며 함께 참여했느냐가 중요하다. 즉, 부부가 하나의 결정에 동의하는 것이 아니라 두 사람이 함께 결정과정을 만들어 가는 것을 의미한다.

이처럼 부부가 함께 결정을 내리게 되면 상대방으로부터 통찰력을 배우게 되고, 서로의 부족한 부분을 보완하기 때문에 실수를 줄일 수 있어서 좋다. 그리고 함께 결정과정에 참여하면서 일체감을 갖게 되므로 부부관계가 더욱 친밀해진다.

행복편지 · 12

부부싸움을 피하려면…

며칠 전 한 부부가 길에서 심하게 싸우고 있었다. 지나가던 사람들이 쳐다보아도 상관하지 않았다. 오히려 창피해 어쩔 줄 모르는 초등학생 아이들이 울면서 부모를 말리고 있었다. 무슨 일이기에 길에서 저럴까 싶어 나도 얼마나 안타까웠는지 모른다.

부부들이 싸우는 장면을 자주 목격한다. 길이나 공공장소는 물론 때와 장소를 가리지 않고 자신들만 생각하는 것 같다. 그런 모습을 볼 때마다 조금은 안쓰러운 생각이 든다. 모두 상처만 입고 지게 되는 싸움을 왜 저렇게 심하게 할까 싶다.

나 역시 결혼 초에는 남편과 힘들 때가 참 많았다.

우리의 부부싸움은 바위에 계란을 던지는 것과 같았다. 싸워보았자 나는 100전 100패가 되었다.

하지만 그런 게임을 잘 극복할 수 있었던 것은 친정엄마가 가르쳐준 지혜 덕분이었다.

'남편 말에 대꾸하고 싶을 때는 찬물을 한 모금 입에 물고 열까

지 세면서 마음을 다스려라.'

그 덕분에 남편과의 힘든 고비를 잘 넘길 수 있었다.

손뼉도 마주 쳐야 소리가 나듯 부부싸움도 한쪽이 대꾸하지 않으면 싸움이 되지 않는다. 내가 그렇게 하다 보니 남편도 어느새 감정이 올라올 때는 물을 마시고 삼키지 않는 것 같았다. 한순간의 감정을 억제하는 데는 이 방법이 참 좋은 것 같았다.

대부분의 부부싸움은 사소한 말싸움에서 시작된다. 그래서 나중엔 후회를 한다. 아무리 부부싸움이 칼로 물 베기라지만 그래도 상처는 남는다. 순간의 화를 피해 감정이 가라앉은 후 얘기하면 대부분 이해할 수 있는 일들이다.

특히 부모의 싸움이 자녀들에게 얼마나 나쁜 영향을 미치는지 아는가?

초등학교 저학년 아이들은 부모가 싸우다 혹시 자신들을 버리지나 않을까 싶어 심리적으로 불안과 초조의 증상을 보인다고 한다. 부모가 싸우는 모습을 보면서 자라는 자녀들은 자존감이 상실되어 정서적으로 불안정하다.

명심보감에 '忍一時之忿 免百日之憂(인일시지분 면백일지우)'라는 말이 있다. '한순간을 참으면 백날의 근심을 면한다'라는 뜻이다. 한순간을 참지 못해서 평생 동안 지울 수 없는 상처를 안고 살아가는 경우를 많이 본다.

더구나 일부 엄마들은 딸들에게 "너는 나처럼 참고 살지 마라"고 한다. 사람이 살면서 참지 않고 어떻게 살 수 있겠는가? 다른

사람, 특히 결혼생활을 하면서 참지 않고 살 수는 없다. 부부는 서로 다른 환경에서 성장했기 때문에 성격도 다르고 가치관도 다르다. 그래서 갈등은 생길 수밖에 없는데도 엄마들은 딸에게 '참지 마라'고 하니 어떻게 하라는 것인가?

화가 끓어오를 때는 우선 참아야 한다. 그렇다고 무조건 참고 마음속에 쌓아두라는 것은 아니다. 오히려 그러면 병이 생긴다. 그보다는 우선 타오르는 불길은 피한 후 상대방도 나도 마음을 진정시킨 후에 왜 화가 났는지, 왜 속이 상했는지를 이야기해야 한다. 그래야 대화가 된다.

화가 났을 때는 감정이 흥분상태에 있기 때문에 대화가 제대로 되지 않는다. '한순간을 참으면 백날의 근심을 면한다'는 말은 진리다.

그리고 평소에는 잘 지내다가 명절을 앞두고 아내들은 남편과 많이 다투게 된다. 남편들에게 부탁하고 싶다. 아내들은 명절이 되면 음식장만 하느라 고생을 많이 한다. 그러나 남편이 손을 꼭 잡으며 이 한마디면 힘들었던 마음이 다 사라질 것이다.

"여보, 당신 정말 수고 많았어. 고마워!"

여자들은 남자들에 비해 촉각과 청각이 발달해 있다.

남편들이여, 명절에는 되로 주고 말로 받는 큰 장사를 하기를….

행복편지 · 13

걸림돌과 디딤돌

며칠 전 동네 공원에서 아줌마들이 즐겁게 이야기하고 있었다.

"101동 1501호 그 여자, 옷 입고 다니는 거 봤어?"

"응, 봤는데. 그 꼴이 뭐야? 아예 가슴을 드러내 놓았더라."

"그렇지? 같은 여자라도 얼마나 창피스러운지 몰라."

"그렇게 입고 다녀도 아무 말도 안 하는 그 집 남편은 뭐 하는 사람이야?"

"아마, 어느 대기업 간부라지."

"쯧쯧! 제 마누라 옷차림을 그 모양으로 하고 다니도록 놔두는데, 그 남자 회사에서 일은 제대로 하겠어?"

부부는 개별적인 인격체이면서도 함께 평가 받기 때문에 서로에게 자유로울 수 없다. 단식경기를 하는 선수가 아니라 언제나 복식경기에 출전하는 한 팀이 바로 부부다. 아무리 혼자 잘해도 소용없고 둘 다 잘해야 좋은 부부가 된다. 따라서 부부는 언제 어

디서나 배우자에 대해 책임 있게 행동해야 한다.

우리는 결혼과 동시에 '누구의 아내', '누구의 남편'이라는 또 다른 이름을 얻는다. 자신의 이름에 책임이 따르듯이 새롭게 얻은 이름에도 책임을 다해야 한다. 어느 한편이 잘하면 그 공은 배우자에게도 나누어지게 되고, 어느 한편이 잘못하거나 실수하면 그 허물 역시 상대방에게도 돌아간다.

우리는 배우자의 바르지 못한 처신으로 인해 능력이 뛰어난 분들이 중요한 자리에 오르지 못하는 일들을 종종 본다. 한편으로는 억울하고 안타까울 것이다. 하지만 평소의 행동, 말씨, 옷차림 하나하나가 배우자에게 얼마나 중요한 영향을 미치는지 생각하게 한다.

'낮말은 새가 듣고 밤 말은 쥐가 듣는다'는 말처럼 내가 어디서, 무엇을 하고 있는지 누군가는 지켜보고 있다. 아무도 모를 거라 생각하며 무심코 하는 행동이나 말 한마디가 부메랑이 되어 결국은 나와 배우자에게 돌아온다.

또 내가 함부로 하게 되면 배우자와 자녀도 나와 똑같이 한다고 생각해라. 아마 섬뜩하게 느껴질 것이다. 내 배우자와 자녀들이 올바르게 생활하기를 바란다면 나부터 그렇게 살아야 한다.

우주의 몰래카메라가 나의 일거수일투족을 24시간 촬영하고 있다. 언제 어디서 누군가가 그 모니터를 보고 있을지도 모른다.

우리는 태어나면서부터 혼자가 아니라 많은 사람들과 인연을 맺는다. 그런 인연들을 생각하면 어떻게 말을 하고 행동하며 살아야 하는지 분명하다.

무심코 연못에 던진 돌멩이 하나가 개구리의 생명을 앗아갈 수 있다. 자칫 나의 대수롭지 않은 행동 하나, 말 한마디가 결정적인 순간에 배우자와 자녀들의 발목을 잡을 수도 있다.

우주의 수많은 생명체 중에서 나와 가장 가까운 인연이 된 사랑하는 배우자와 자녀들에게 걸림돌이 아니라 디딤돌이 되었으면 한다.

행복편지 · 14

배우자가 잘하지 못하는 것은 내가 잘하는 것!

"집안 꼴이 이게 뭐야? 어떻게 이렇게 해놓고 있어?"

"그 놈의 잔소리, 또 시작이네. 집에만 오면 잔소리부터…."

"당신도 한번 보라고. 화장실이며 방 안이 어떻게 되어 있는지?"

"알았어! 내일부터는 잘 정리해 놓을게."

"제발 부탁이야. 집안 정리 좀 하고 살자, 응! 애들이 뭘 보고 배울지 걱정돼!"

"애들은 또 왜 끌어들여!"

정구 씨는 집에 발을 들여놓는 순간부터 정신이 하나도 없다. 거실이고 방이고 온 집안에는 옷이며 양말, 신문, 책들이 널려 있다. 화장실 바닥 여기저기에는 긴 머리카락이 널려 있고, 타월, 칫솔, 치약들이 아무렇게나 팽개쳐져 있다. 결국 보다 못해 한마디 하면 아내는 잔소리한다며 짜증을 낸다.

지난 15년 동안 집안 정리를 수없이 부탁했으나 제대로 한 적이 한번도 없다. 그래서 그런지 중학생인 딸도 제 엄마와 똑같이 했다. 자기 책상은 물론 방 곳곳에 책과 속옷이며 신던 양말들이 나뒹굴었다. 야단도 치고 부탁도 해 보았지만 조금도 달라지지 않는다. 심지어 쉽게 정리할 수 있도록 곳곳에 이름표까지 붙여 놓고 직접 시범을 보였다. 하지만 대답은 잘 하면서도 며칠 못 가서 그대로니 정말 답답하기만 했다. 더구나 아내를 그대로 닮아가는 딸을 생각하니 걱정이 태산 같았다.

그런데 얼마 전부터는 자신이 집에 있으면 집안 분위기가 냉랭해졌고 아무도 가까이 오려고 하지 않았다. 왜 그러냐고 아내에게 물었더니 "아무리 집안 정리를 잘 하려고 해도 되지 않아. 당신이 보면 또 잔소리할 것 같아 불안해"라고 했다.

그 순간 정구 씨는 뒤통수를 한 대 맞은 것처럼 충격을 받았다.

'아내나 딸은 왜 정리를 못할까? 정말 싫어서 그럴까? 아니면 해도 잘 안 되는 걸까? 아내가 얘기하는 걸로 봐서는 정리정돈을 하지 않으려고 하는 건 아닌 것 같은데….'

그래서 아내의 입장으로 생각을 바꿔보니 참 안쓰럽다는 느낌이 들었다.

'그렇다면 아무리 하려고 해도 잘 되지 않는 아내에게 계속 잔소리하는 게 과연 옳을까? 아내가 잘못하는 부분을 차라리 내가 채워 주면 어떨까?'라는 생각이 들었다.

그 후 정구 씨는 집안 정리에 대해서는 일체 잔소리하지 않고 직접 했다. 조금은 귀찮고 짜증도 났지만 우선 내색하지 말고 한 달 동안만 해 보자고 다짐했다. 그렇게 마음먹고 나니 퇴근 후 집에 들어설 때 조금은 편안했다.

처음엔 의심의 눈으로 바라보던 아내도 하루 이틀 지나자 얼굴이 조금씩 밝아지는 것 같았다. 그런데 이게 웬일일까? 처음 얼마간은 지켜만 보던 아내와 딸이 조금씩 달라지는 게 아닌가? 한달 정도 지나자 아내와 딸도 집안을 조금씩 정리하는 것 같았다.

무엇보다 달라진 것은 집안 분위기였다. 그전에는 정구 씨만 집에 들어오면 냉랭하던 분위기가 이제는 웃음소리도 들렸다. 가족들에게서 외톨이였던 정구 씨에게 아내는 물론 딸들도 말을 걸어왔다.

정구 씨는 그제서야 깨달았다. 왜, 어리석게도 아내를 가르치려고만 했을까? 그것도 야단을 쳐 가면서. 아내가 잘하지 못해서 내 눈에 잘 띄는 것은 내가 잘할 수 있는 능력이 있기 때문인데도 그걸 자꾸만 고치려고 했으니 아내는 얼마나 힘들었을까? 그러면 나는 과연 아내 눈에 잘하는 것만 있는 완벽한 남편으로 보일까?

누구에게나 부족하고 모자란 부분은 있다. 100점짜리 남녀가 만나 200점 부부가 되는 게 아니라 20~30점짜리 남녀가 결혼하여 100점 부부를 목표로 열심히 사는 게 바로 결혼생활이다.

부족한 사람들이 세상을 살아갈 수 있도록 만든 가장 완벽한 제도가 결혼이다. 그러므로 배우자의 약점을 고치려고 하지 말고 그 능력을 가진 내가 채워 줄 때 결혼생활은 행복할 수 있다.

행복편지 · 15

결론만 이야기해!

어제 저녁 동네 공원의 벤치에서 한 젊은 부부가 싸우고 있었다. 그 부부의 이야기가 산책하는 우리 부부에게도 간간이 들려왔다.

갑자기 "결론만 이야기해!"라는 그 남편의 큰소리에 이어, "끝까지 들어보라니까!"라는 아내의 목소리가 들렸다. 남편이 깊은 한숨을 내쉬더니 "도대체 뭐가 문제야?"라고 했다. 그래도 아내는 손짓을 하며 목청을 높여서 이야기했다.

우리는 젊은 부부가 왜 싸우는지 궁금해서 귀를 쫑긋 세우고 거닐었다. 얼마 지나지 않아 또 그 부부의 목소리가 들려왔다.

"그건 당신이 잘못했잖아?"

"그게 왜 내 잘못이야? 당신은 끝까지 들어보지도 않고 그렇게 말해."

"에이 씨!" 하면서 남편이 벌떡 일어나더니 그냥 가버렸다.

"가면 어떻게 해. 끝까지 들어 봐야 할 거 아냐?"라고 아내도 소리치며 뒤따라갔다.

우리 부부는 그 장면을 보면서 안타까운 생각이 들었다. 저 부부가 상대방에 대해서 조금만 알았더라면 쉽게 대화를 풀어갈 수 있었을 텐데….

하는 일은 못 속이듯이 우리 부부는 이들이 싸운 장면을 떠올리면서 나름대로 원인과 해결방법을 정리하며 걸었다.

아내가 하는 말이 길고 답답하더라도 이해하려는 마음으로 맞장구치면서 끝까지 귀담아들어 주었으면 한다. 무엇이 문제고, 어떻게 하면 해결할 수 있는지에 대해서는 남편이 말하지 않아도 아내는 잘 알고 있다. 그렇기 때문에 충고나 해결방법을 듣고 싶어 하지 않는다. 다만 자신의 입장을 이해 받고 싶은 마음에서 말하는 것이므로 중간에 끊지 말고 공감하며 끝까지 들어달라는 것이다.

특히 아내들은 자신의 말을 귀담아들으면서 공감해 줄 때 남편에게 사랑받는다고 느낀다. 하지만 이런 점을 잘 모르는 남편은 아내의 말이 길어지자 "결론만 이야기해, 문제가 뭐야?"라며 끝까지 들어 주지 못했다.

부부가 서로를 잘 모르다 보니 대화가 이뤄지지 못하거나 싸움으로 끝나는 경우가 많다. 끝까지 공감하며 들어 준다는 것은 물론 남편으로서는 쉽지 않다.

아내가 어려워하거나 힘든 이야기를 하면 해결해 주어야 남편으로서 체면이 서고 남편 노릇을 잘한다고 생각한다. 그리고 남자들은 직장에서나 친구들과 이야기하는 것도 주로 문제해결을 위해서다. 즉 남자들의 대화는 용건 위주로 하기 때문에 간단하게,

결론만 이야기하는 데 길들여져 있다.

반면 여자들은 필요해서 대화하는 것이 아니라 대화 자체를 즐긴다. 하루 종일 함께 있다가 헤어져도 또 전화로 몇 시간을 이야기하는 수다가 일상생활이다. 남자들은 이런 여자들의 수다가 도무지 이해되지 않고 쓸데없이 말이 많다고 생각한다. 그러나 아내들도 이러한 남편들의 대화방식을 이해한다면 부부 사이에 원활한 의사소통이 이루어질 수 있다.

아내가 남편과 대화할 때는 미리 "오늘은 내가 이런 일 때문에 당신한테 말하려고 하니까 중간에 끊지도 말고, 충고나 해결해 주지도 말고 끝까지 들어만 주세요"라고 이야기하는 것이 어떨까 싶다. 그렇게 부탁했는데도 혹시 중간에 끼어들려고 하면 두 눈을 마주보며 부드럽게 다시 부탁하면 된다. 그러면 남자들은 아마 부탁하는 대로 들어줄 것이다.

행복편지 · 16

난, 당신을 믿어요!

박소현 씨는 남편의 목소리를 들으면 왜 전화했는지 금방 알 수 있다.

회사의 간부인 남편은 일이 제대로 풀리지 않거나 스트레스를 많이 받으면 퇴근 무렵 집으로 전화를 한다. 그러면 "몇 시에 그리로 나갈까요?"라고 묻고는 모든 일을 제쳐두고 시간에 맞춰 그곳으로 간다. 편안하게 맥주를 한잔 마시며 이런저런 이야기를 나눌 수 있는 집에서 가까운 두 사람만의 데이트 장소다.

남편은 원래 말이 적은 편이어서 만나더라도 회사에서 있었던 이야기나 스트레스를 잘 털어놓지 않았다. 아내도 살림하느라 힘들 텐데 자기까지 부담을 주고 싶지 않아서였다.

소현 씨도 이런 속 깊은 남편의 마음을 잘 알기 때문에 무슨 이야긴지 해 보라며 강요하거나 보채지 않았다. 그저 잠시라도 일을 잊고 편안하게 지낼 수 있도록 분위기를 만들어 주려고 했다.

맥주를 한잔 하면서 세상 살아가는 이웃들의 이야기나 수다를 떨다 보면 어느새 남편이 편안해지는 것을 느낄 수 있다. 그제서야 남편은 회사에서 있었던 이야기나 마음속 이야기를 꺼내 놓았다.

소현 씨는 남편이 얼마나 힘들었을까를 생각하면서 열심히 들어줄 뿐 충고나 해결방법을 내놓지 않는다. 끝까지 이야기를 들은 뒤 남편의 손을 꼭 잡아준다. 비록 아무 말도 안 했지만 거기에는 '난 당신을 믿어요!'라는 마음이 담겨 있다. 남편은 그런 아내가 편하고 좋은 모양이었다.

그렇게 이야기를 마친 후 손잡고 집까지 걸어오면 마치 연애할 때의 감정이 되살아나는 것 같아 얼마나 행복한지 모른다. 남편은 자신과 이야기를 나눈 후 손잡고 집으로 걸어올 때 모든 걱정과 고민에서 벗어날 수 있어서 좋다고 했다. 소현 씨는 남편이 어렵고 힘들 때마다 자신과 함께해 주어서 참으로 고마웠다.

그리고 소현 씨는 남편의 자상한 배려 덕분에 시어머니의 사랑을 듬뿍 받고 있다. 신혼 시절 남편과 의논해서 시어머니께 용돈을 보내드리면 시어머니는 아들한테 전화했다.

"며느리가 용돈 보냈더라."

그때 남편은 "그랬어요? 저는 몰랐는데요?"라며 모르는 척했다.

시어머니는 아들과 상의하지 않고 용돈을 보내 준 며느리가 무척 고마웠던 모양이다. 시댁식구들을 물론 만나는 사람들에게 며느리 자랑을 하셨다. 그 후론 집안일이 있으면 무슨 일이든지 아들은 제쳐두고 며느리와 의논해 주었다. 이처럼 며느리를 인정해 준 덕분에 고부간의 사이가 많이 가까워졌다.

만약 그때 어머니로부터 며느리가 용돈을 보냈다는 이야기를

들은 남편이, "알고 있었어요. 드리라고 했어요"라고 했더라면 아마 며느리에게 그렇게 고맙다는 생각이 안 들었을지도 모른다. 또한 아들을 제쳐두고 집안일을 의논하지도 않았을 것이다. 아마 지금처럼 시어머니로부터 인정과 사랑을 못 받았을지도 모른다.

물론 지금도 남편은 시댁에 관한 일은 한발 비켜나서 아내에게 맡겨 둔다. 남편의 자상한 배려 덕분에 소현 씨는 아내로서, 며느리로서도 훌륭하게 인정받고 있다. 소현 씨는 이토록 고마운 남편을 위해서라면 그 어떤 일도 감당할 수 있다고 생각한다.

남편이 어떻게 하느냐에 따라 시어머니와 며느리의 관계는 결정된다. 특히 시어머니와 며느리는 한 남자를 사이에 두고 영원히 평행선을 달리게 되는 운명이다. 며느리 입장에서 보면 가까이 하기엔 너무 먼 당신이 바로 시어머니다.

그리고 남편의 태도와 행동에 따라 시어머니와 며느리 사이가 가까워질 수도, 멀어질 수도 있다. 또한 두 사람 사이가 나빠지면 그 누구보다 중간에 있는 남편이 가장 힘들다. 그래서 가정의 평화를 위해서는 남편의 처신이 너무나 중요하다.

행복편지 · 17

백년해로 부부의 비결

지난 금요일에는 2007년에 백년해로 부부상을 수상한 권병호(103세), 권은아(100세) 님을 찾아뵙고 경남 함양의 자택에서 약 2시간 동안 인터뷰를 했다. 비가 내리고 바람이 몹시 부는 추운 날씨라 안방에서 이야기를 나누었다.

권병호 할아버지는 무릎관절이 불편하여 지팡이 두 개를 짚고 다닐 뿐 너무나 건강하셨다. 할아버지는 돋보기도 없이 책을 읽고, 명함의 작은 글자까지도 모두 읽으셨다. 103세라는 연세가 도저히 믿기지 않을 정도로 시력이 좋고 발음도 정확하셨다.

그분은 지금까지 건강하게 살 수 있었던 비결은 모두 '아내 덕분'이라며 눈물을 글썽이셨다. 아내가 마음을 헤아려 주고 건강을 챙겨 주었기 때문에 지금까지 살 수 있었다며, 23세 때 시작한 연애부터 결혼한 이야기까지 모두 들려주셨다.

그리고는 'Avoid the small rust!(사소한 격식은 피해라)'라며 영어로 말씀하셨다. 깜짝 놀라자 그 의미를 설명해 주셨다. 거추장

스러운 격식은 벗어 버리고 있는 그대로 드러내면서 편안하게 사는 게 건강에 좋다는 의미라고 하셨다.

지금도 책을 읽다가 좋은 영어문장이 있으면 외운다며 의미가 담긴 몇몇 영어문구를 정확하게 발음하는 멋쟁이셨다.

그리고 할머니와 백년해로한 비결도 들려주셨다. 아내를 위해 노래도 부르고 춤도 추며 하루하루를 즐겁게 사는 것이 바로 비결이라고 하셨다.

다리가 불편한 아내를 위해 산자락에 평탄한 코스의 산책로를 만들었고, 중간에 원두막도 지어놓으셨다. 따뜻한 날에는 하루에도 몇 번씩 아내와 손잡고 산책을 하고, 원두막에 들러 노래도 부르고, 재미있는 이야기를 나누면서 자연과 더불어 사신다고 했다. 그리고 매일 잠자리에 들 때마다 몸이 약한 아내를 따뜻한 아랫목에 눕게 한 후 잠들 때까지 손을 꼭 잡아주어 자신의 건강한 기운이 전해지게 한다고 하셨다.

인터뷰하는 동안에도 할아버지는 따뜻한 아랫목에 할머니를 앉히고는 사랑스러운 눈빛으로 바라보면서 몇 번이나 어깨를 감싸주고 머리를 쓰다듬으셨다.

지금까지 살면서 두 분은 싸우지 않았는지 할머니에게 물어보았다.

"싸울 일이 뭐가 있어요? 이 양반이 안색이 안 좋거나 화를 내면 그 자리를 피해 버리면 되지요."

할아버지는 청렴 강직하고 불같은 성격이지만, 할머니는 별로 스트레스 받지 않고 잘 이해하고 수용하시는 것 같았다. 큰소리를 치거나 화를 내면 '저 양반이 또 뭔가 편치 않는 모양이구나' 하면서 밖으로 나가 동네를 한 바퀴 돌고 오신단다. 잠시 후 돌아오면 불같은 성격을 가라앉힌 할아버지가 먼저 미안하다고 하신단다.

이렇게 말씀하시는 할머니의 얼굴이 너무도 온화하고 20년 이상 젊어 보였다. 참으로 지혜로운 할머니셨다.

불같고 강직한 성격의 남편도 슬기롭게 대처하는 아내의 지혜 덕분에 노부부는 77년이란 오랜 세월을 함께 건강하게 사실 수 있었던 것 같다.

두 분의 얼굴에는 주름도 별로 없고 피부가 얼마나 맑은지 모른다. 지금도 맨발로 농장을 걸어 다니면서 그야말로 길동무가 되어 인생여정을 함께하는 두 분의 모습이 서산에 지는 저녁노을처럼 너무나 아름다웠다.

권병호 할아버지의 소망은 할머니와 함께 건강관리를 잘 하여 결혼 100주년까지 사는 것이라고 하셨다. 우리 부부는 그분들의 소망이 꼭 이뤄져서 후세 사람들에게 많은 교훈이 되기를 간절히 기원했다.

인터뷰를 마친 후 떠나는 우리 부부를 대문 앞 도로까지 나와 배웅해 주셨다. 가족들과 함께 언제든지 와서 자고 가라는 말씀에서 어릴 적 할아버지와 할머니의 넉넉한 인정을 느낄 수 있었다.

노부부를 인터뷰하고 돌아오면서 부부듀엣의 '부부'란 노래의 가사가 생각났다. 노부부의 삶이 꼭 이 가사와 같았다.

정 하나로 살아온 세월
꿈같이 흘러간 지금
당신의 곱던 얼굴 고운 눈매엔
어느새 주름이 늘고
돌아보면 굽이굽이 넘던 고갯길
당신이 내게 있어 등불이었고
기쁠 때나 슬플 때나 함께 하면서
이 못난 사람 위해 정성을 바친
여보
당신에게 하고픈 말은
사랑합니다 사랑합니다
그 한마디뿐이라오

이 세상에 오직 한 사람
당신을 사랑하면서
살아온 지난날이 행복했어요
아무런 후회 없어요
당신 위해 자식 위해 가는 이 길이
여자의 숙명이요 운명인 것을
좋은 일도 궂은일도 함께하면서
당신의 그림자로 행복합니다
여보
당신에게 하고픈 말은
사랑합니다 사랑합니다
당신만을 사랑합니다

행복편지 · 18

아내의 특별한 외출

수진 씨는 몇 달에 한 번 있는 친구모임에 가기 위해서 준비하느라 아침부터 정신이 없다.

얼마 만의 외출인가? 더구나 저녁 늦게까지 놀다 오는 외출은 드문 일이다. 이번 모임은 대학로에서 연극을 보고 저녁까지 놀기로 한 것이다.

남편 혼자 저녁을 먹도록 하는 게 마음에 걸려서 수진 씨는 모임에 참석해서 점심만 먹고 오려고 했다. 그런데 남편은 저녁을 알아서 먹을 테니 편안하게 놀다 오란다. 그래도 마음이 편하지 않아서 저녁 늦게 올지도 모르는데도 괜찮겠느냐고 몇 번이나 물어보았다. 남편은 집안 청소까지 해놓을 테니 걱정하지 말고 즐겁게 잘 놀다 오라고 했다.

수진 씨는 10시에 집을 나섰다. 물론 남편의 황송한 배웅까지 받으면서.

평생 한 번 갈까 말까 하는 유명한 찻집에서 친구들을 만나 차

부터 마셨다. 그리고 이름난 레스토랑에서 맛있는 점심을 먹었다.

이어서 통기타 가수가 노래하는 거리에서 젊은이들과 어울려 50대 중반의 나이를 잊은 채 친구들과 손뼉을 치고 어깨를 들썩이며 노느라 신이 났다. 그야말로 가관이 아니었다. 다음 코스는 연극 관람이었다. 배우들과 가까이 앉아 함께 웃고 울다 보니 어느새 끝이 났다.

그러고 나니 춥고 배가 고파 칼국수를 먹으며 수다를 떠느라 시간 가는 줄 몰랐다. 저녁 9시가 다 되어서야 자리에서 일어났다. 돌아오는 길에 남편이 좋아하는 팥이 듬뿍 든 빵을 사 들고 콧노래를 부르면서 집으로 향했다. 마음먹고 늦게 돌아오는 길이지만 남편의 허락 덕분에 발걸음이 가벼웠다.

수진 씨가 집에 들어선 시간이 저녁 10시. 그야말로 12시간 만에 돌아왔다. 남편은 청소와 설거지까지 깨끗하게 해놓고 반갑게 맞아 주었다. 얼마나 미안하고 고마웠는지 모른다.

집에 들어서자마자 옷도 벗지 않은 채 하루 종일 있었던 일을 남편에게 일일이 설명했다. 남편도 그렇게 재미있는지 맞장구를 쳐주며 무척 즐거워했다. 아내의 이야기를 다 듣고 나서야 오랜만의 나들이로 들떠 있는 수진 씨가 안쓰러웠는지 남편은 앞으로 가끔은 혼자 외출해서 기분전환을 하고 오라고 했다.

예전과 달리 나이 들어가면서 살뜰하게 마음을 써주는 남편이 너무나 고마웠다. 수진 씨는 그런 남편을 앞으로 더욱 많이 사랑하겠노라 다짐해 본다. 남편의 작은 배려가 이렇게 큰 행복감을 안겨 준 외출이 될 줄이야.

아내들은 가끔씩 집안에서 탈출하고 싶을 때가 있다. 해도 해도 끝이 없는 집안일, 매끼마다 반찬 걱정, 시댁 챙기랴, 자식 걱정하랴 등등….

이럴 때 혼자만의 외출은 마음속에 쌓인 찌꺼기와 응어리를 다 씻어내는 청량제와도 같다. 덤으로 삶의 활력까지 가득 안겨준다.

행복편지 · 19

아내의 경쟁력

얼마 전 부부모임이 있었다.

모임 중의 한 분이 환갑이라 횟집에서 저녁을 먹은 후 집으로 갔다. 마침 그날이 일본과 야구경기를 하고 있어서 남편들은 모두 거실의 TV 앞에 앉았다. 온통 야구시합에만 빠져 있느라 아내들이 어디서 무얼 하는지 전혀 관심이 없었다. 눈앞에 보이는 야구 외에는 별 이야기도 없이 눈은 TV에 고정되어 있었다.

반면 아내들은 안방에서 자식들 이야기, 다이어트하는 방법, 남편이나 시댁으로부터 속상했던 이야기까지 털어 놓으며 수다 떠느라 얼마나 재미있었는지 모른다. 그 중에 가장 재미있는 일은 패션쇼였다.

한 사람의 입은 옷이 아마 마음에 쏙 들었던 모양이다. 모두들 그 옷을 벗게 해서 돌아가며 입어보고 깔깔거리며 웃느라 배꼽이 빠지는 줄 알았다. 그러다 배가 고프면 떡과 과일을 먹으며 쉬었다가 또 다른 사람의 옷을 벗으라고 해서 입어보기를 여러 번 했다. 얼마나 재미있었는지 모른다.

그리고는 한 사람이 돌아오는 토요일에 결혼식장에 갈 때 입으려고 하는데 입고 간 옷과 핸드백을 빌려 달라고 했다. 빌려 주는 일이야말로 얼마나 쉬운 일인가? 그 자리에서 핸드백과 함께 입었던 옷을 벗어 주고는 늦은 밤이어서 괜찮다며 속옷차림으로 코트만 걸친 채 승용차를 타고 집으로 갔다.

돌아오면서 남편에게 그 이야기를 하였더니 고개를 갸우뚱거렸다. 도무지 이해가 되지 않는 모양이었다. 아무리 맘에 들어도 어떻게 입고 간 옷을 벗어 달라고 하는지, 그런다고 또 벗어 주는지 모르겠다는 것이다. 더구나 부부에 대해 나름대로 연구하여 여자들의 심리를 알고 있었지만 이런 일은 정말 신기한 모양이었다.

하지만 여자들은 거의 모든 것을 서로 공유한다. 옷은 물론이고 신발, 가방, 보석 등 심지어 가전제품까지 서로 빌려 주고 받는다. 또한 다른 사람들에게 자식, 남편, 시댁의 속상한 이야기까지도 서슴없이 털어 놓는다.

이렇게 다른 사람들과 쉽게 이야기를 나눌 수 있고, 개인 물건도 주고받을 수 있는 게 바로 아내들의 경쟁력이다. 남자들은 좀 이해하기 힘들겠지만….

고개를 갸우뚱거리던 남편이 "그러다 남편도 빌려 주고 받겠구려!"라는 한마디에 "그럼 좋지요!"라며 우리는 깔깔 웃었다.

행복편지 · 20

좀 기다려 주면 안 돼요?

김혜숙 씨는 남편과 부부싸움을 가끔 한다.

현재 아들은 군대, 딸은 지방에서 대학에 다니고 있다. 집에 둘뿐이라서 싸울 일이라곤 별로 없지만 한번 싸우면 심하게 싸우고, 후유증도 오래 갔다. 그 이유는 근처에 사는 시부모님 때문이다.

남편은 마음이 참 따뜻하고 정이 많은 사람이다. 부모님 댁에 자주 들러서 냉장고에 고기가 떨어지면 듬뿍 사서 넣어 드리기도 하고, 또 보일러에 석유가 떨어질까 싶어 늘 가득 채워드린다. 이러는 남편에게 혜숙 씨는 불만이 없다.

그런데 얼마 전 저녁을 먹다 말고 상에 차려진 몇 가지 반찬을 가리키면서 "부모님 갖다 드리게 그릇에 담아"라고 했다. 늘 먹는 것도 아니고 어쩌다 남편이 좋아하는 반찬을 몇 가지 차렸는데, 그냥 넘어가지 못하고 꼭 그런 말로 속을 뒤집어 놓았다. 물론 남편은 마음이 여려서 '연세가 드신 부모님은 반찬도 없이 드시는데'라는 생각이 들어 그랬겠지만, 그 순간 화가 치밀어 올랐다.

그렇지 않아도 내일쯤 반찬을 준비해서 시부모님을 찾아뵈려던 참인데, 그 얘기를 듣자 그 마음은 사라지고 순간적으로 "싫어!"라는 말이 튀어나왔다. 그러자 남편은 "왜 싫어, 당신이 그러고도 며느리야"라며 소리쳤다.

별것 아닌 일로 시작하여 그날도 심하게 싸우고 말았다. 그 후 남편은 2주일 동안 한마디 말도 하지 않았고, 잠도 다른 방에서 잤다.

혜숙 씨도 어느덧 자식이 크다 보니 시부모님께 잘해야겠다는 마음을 가지고 언제쯤 찾아뵙겠다고 생각하고 있는데, 남편은 그 때까지 기다리지 못하고 먼저 부모님 댁에 갔다 오라고 하거나 일방적으로 가자고 했다. 그런 말을 들으면 시부모님께 잘해드리고 싶던 마음까지 싹 달아났다. 오히려 하기 싫다며 못한다고 하면 남편은 고함을 지르며 "당신은 늙지 않을 것 같아!"라며 화부터 냈다. 그렇게 해서 또 부부싸움을 시작했다.

혜숙 씨는 이런 남편이 무척 답답했다. 왜 이렇게 여자 마음을 헤아려서 기다려 주지 못하고 늘 끌고 가려고만 할까?

시부모나 형제들에 대해서는 아내가 알아서 할 때까지 기다려 주면 어련히 알아서 하는데, 남편은 그걸 참지 못하고 언제나 한 발 앞서 강요한다. 그보다는 부모에게 해 주기를 바라는 게 있다면 한번쯤 아내 입장을 생각해 본 후 부탁하면 좋으련만 남편은 늘 자기만 생각한다.

진정한 효도는 아내가 효부 노릇을 할 수 있도록 도와주는 것이

다. 물론 아내도 남편이 좋은 사위 노릇을 할 수 있도록 도와야 한다.

잘 하던 짓도 멍석을 깔아 놓으면 하기 싫은 게 사람의 마음이다. 아내 스스로 할 수 있도록 한 걸음 물러나서 여유를 가지고 기다리는 남편이 더 지혜롭지 않을까 싶다.

Part. 3

살아가는 이야기

힘이 들고 지칠 때는
가족을 생각하면서 배우자에게 손을 내밀자.
배우자와 손잡고 이야기를 나눈다면
그 어떤 어려움도 이겨낼 수 있다.
우리에게는 언제나 함께하는 든든한 가족이 있지 않은가.

참·고·미·사·부·부·의·행·복·편·지

행복편지 · 01

전화위복을 가져다 준 남편

매년 받아 왔던 건강검진을 올해도 예외 없이 받았다. 결과를 보던 날, 남편에게 "위암입니다"라는 의사의 말에 권옥자 씨는 자신의 귀를 의심했다. 다시 묻고 확인하고 또 묻고 확실한 사실임을 알았을 때 온몸에 힘이 빠졌다.

먼 나라 이야기, 남들의 이야기로만 알았던 사실이 오늘 내 남편에게 닥쳐왔고 어떻게 해야 할지 막연함에 가슴이 답답했다. '아니야 믿을 수 없어'란 부정이 머리를 쳐들기 시작했다. 몇 군데 더 병원을 다녀서 사실임이 확실해지자 견딜 수 없는 분노가 밀려오기 시작했다.

우리 가족 모두는 부정의 며칠, 분노의 며칠을 보낸 후 현실을 인정하고 받아들이기까지 많이도 아파했고, 괴로워했다.

"지금까지 당신이 내게 해 준 게 뭐가 있다고…"라며 원망 가득한 말을 할 만큼 억울하고 분했다. 이제부터 두 손 마주잡고 우리가 아름답게 쌓아온 세월 저편으로 멋진 노후 여행을 떠나자고 약속했는데… 이게 무슨 날벼락이란 말인가?

“정말 미안하다… 이제부터는 당신이 애쓰고 노력해 온 33년의 수고와 고마움에 대해 보상해 주려고 진정 마음속으로 다짐했었는데….”

남편은 더 이상 말을 잊지 못했다.

둘이는 한참 동안 서러움의 눈물을 쏟으며 억울함과 원망의 늪에서 헤맸다. 그 소용돌이에 휘말려 있을 때 아들의 믿음직한 위로에 우리는 이성을 찾을 수 있었다.

“위암 말기가 아닌 것을 감사하게 받아들이고 최선을 다해요”라는 아들의 말에 우리는 고개를 끄덕였다. 아들은 우리에게 힘과 용기를 주기 시작했다.

“그래 맞아. 아무것도 아니야. 이겨낼 수 있고 아주 잘 될 거야!”

다음날 동생들 부부 모두를 불러서 남편의 위암 사실을 알렸다.

세상이 왜 이리 달라져 있는지, 그 아름답던 단풍도, 꽃들도 내가 너무도 좋아하는 낙엽도, 찰랑이는 물결도 모두가 미움의 대상이었다. 나는 마음이 이리도 아픈데 왜 세상은 그대로란 말인가!

억울함이 가슴에 가득했기에 때로는 이성을 잃어버리기도 했고, 누구를 만나기도, 말하기도 싫었다.

11월 25일에 입원 보따리를 싸서 우리 가족(아들, 딸, 손녀, 동생들)은 병원으로 향했다. 불안으로 뛰는 가슴을 애써 참으며 남편의 생사와 나의 인생이 걸린 아주 소중한 시간이 지금 내 앞에 놓여 있다는 사실에 숨을 제대로 쉴 수 없는 긴박한 시간이었다. 그러나 애써 담담함을 보여 주는 남편의 두려움을 어찌 내게 비할 수 있으랴.

수술실로 남편을 들여보내고 우주와의 끌어당김을 시작했다. '시크릿(secret)'과 '긍정의 힘'을 여러 번 읽은 덕분에 그동안의 마음고생에도 큰 도움이 되었다. 굳었던 긴장이 어디론가 사라지고 평온이 밀려왔다.

6시간이 지나 남편은 우리 앞에 왔고, 초췌해진 괴로운 표정은 우리를 더욱 아프게 했다. 중요한 건 수술을 했다는 사실이었다. 남들처럼 그냥 닫아 버린 게 아니라 수술을 했다니 1차 안심이었다. 확실한 건 수술담당 의사를 만나봐야 하는데, 왜 이리 시간이 길고 지루하게 느껴지는지….

조심스레 남편의 상태를 살피며 한참을 기다린 끝에야 의사 선생님을 만났다. 결과는 2기 초였고 수술은 잘 되었단다.

순간 가슴에 맺혔던 덩어리가 스르르 녹기 시작했다. 동생들을 안심시켜 보낸 후 아들, 딸, 사위, 손녀와 함께 남편을 둘러싸고 기뻐했다.

"여보, 당신 괜찮대."

"아빠, 잘 참으셨어요. 이제 우리 가족은 아무 문제가 없어요."

"하비(할아버지), 뽀뽀!" 하면서 볼에 키스하는 손녀.

지금까지 살면서 이렇게 행복해 본 적이 몇 번이나 있었을까? 겪어보지 않은 자는 정말 모르리라.

그날부터 1506호 병실에는 정성 가득한 기운이 넘치기 시작했다. 수술과 회복의 뒷바라지를 하면서도 이곳은 병원이 아니라 색다른 여행을 하는, 남편과 내가 33년 만에 마음과 마음이 가장 가까웠던, 그야말로 한마음의 시간이었다.

아들, 딸, 사위, 손녀, 8남매의 부부들. 그들의 염려와 정성과 성원에 남편의 회복은 빨랐고 퇴원하던 날 차분한 내 마음은 세상의 사물을 바르게 볼 수 있게 되었다.

소리 없는 눈물도 영원히 사라졌고 그리고 이제 86살, 80살은 문제없다고 큰 소리로 외치고 싶었다.

오늘도 권옥자 씨는 남편을 위해 건강식을 만들며 즐겁게 콧노래를 부른다.

행복편지 · 02

아들은 나의 스승

작은아들은 나의 스승이다. 나이는 이제 스물아홉이지만 정신 연령은 이미 40대가 된 것 같다. 젊어서부터 모진 고생을 이겨냈기 때문에 아마 무인도에 혼자 버려져도 잡초처럼 살아갈 아이다.

특히 미국에서 일과 공부를 병행하느라 몸서리칠 정도로 갖은 멸시와 학대를 당하면서 자신과 싸운 5년의 시련이 그렇게 만들었다.

당시 아들은 배고픔을 달래려고 물로 배를 채우면서 눈물 젖은 빵을 먹었고, 사랑하는 가족들이 보고 싶을 때는 하늘을 쳐다보며 그리움을 달랬단다.

얼마 전 "엄마, 요즘은 먹고 싶은 것 마음대로 먹을 수 있어서 얼마나 행복한지 아세요?"라고 말할 때 가슴이 너무나 아렸다.

아들은 고달픈 인생수업을 일찍 경험한 터라 어느새 철이 들어 그런지 어려운 환자들이 오면 춥고 배고픈 처지를 잘 알기에 무료로 진료해 드리기도 한단다.

작은아들의 고생은 2004년 남편이 회사를 정리하면서 더 커졌을 것이다. 그럼에도 끈을 놓지 않고 더욱 열심히 살아가는 모습이 얼마나 대견스러웠는지 모른다.

당시 우리는 집을 담보로 돈을 빌려 송금했지만 역부족이어서 아마 많은 고생을 했을 것이다. 하지만 그 속에서도 아들과 나는 거의 매일 한두 시간 넘게 통화하면서 외롭고 서러운 마음을 달랬었다. 지금 생각해 보면 그 대화가 아들에게 외로움과 어려움을 이겨낼 수 있게 해 주었고 자립심을 더 키워준 것 같다.

그렇게 힘들고 어려움이 많았을 텐데도 항상 좋은 일이 있는 것처럼 밝고 활기찬 목소리만 들려주었다. 이처럼 심성이 곱고 따뜻한 아들은 늘 엄마의 마음을 헤아려 주고 깊이 배려해 주었다.

그렇게 힘든 공부를 마치고 자격증을 취득한 아들이 2008년 4월 미국의 산호세(San Jose)에서 한의원을 개원한다고 했다. 하지만 경제적으로 아무런 도움을 줄 수 없어서 그때만큼 미안함과 죄스러움을 느껴 본 적은 없었다.

그런 내게 "제 나이가 지금 몇 살인데 엄마한테 도움을 받아야 돼요? 너무 걱정하지 마세요. 제가 다 알아서 할게요!"라며 위로했다. 더욱 가슴 아프게 만든 건, "엄마, 고맙습니다! 우리 집이 경제적으로 적당히 어려웠기 때문에 오늘 제가 있습니다. 엄마, 정말 고맙습니다!"

그 말에 나는 말문이 막혀 버리고 말았다. 이처럼 아들은 책임감이 아주 강하기 때문에 마음먹은 일이 있으면 혼자 생각하고 결정하여 저질러 놓은 후에 통보하는 편이라 서운함보다는 대견스러움이 더 컸다.

그래도 다행인 것은 훌륭하고 따뜻한 사람과 함께 한의원을 개원할 수 있게 된 것이다. 부족한 점이 많은 아들을 보듬어 주고 인정을 베풀어 주는 한의사와 그 가족들 덕분에 조금은 마음이 놓였다. 아들을 혈육처럼 일일이 챙겨 주고 사랑을 베풀어 준 그 가족들께 진심으로 감사를 드린다.

그리고 한의원을 개원한 후 얼마 지나지 않아 화요일 오후엔 병원 문을 닫고 봉사단체에서 무료봉사를 나갔다. 나는 아들의 봉사활동 이야기가 실린 현지 신문(미주 한국일보)을 읽으면서 얼마나 자랑스럽고 대견스러웠는지 모른다. 우리 부부는 아들이 한의원을 하는 동안에는 봉사활동을 계속 이어가기를 바라는데 아마 그러리라 생각한다.

작은아들은 내가 실의에 빠졌을 때 늘 희망을 불어넣어 주었다. "얼마 안 있으면 골드비씨카드도 만들어 드리고, 그동안의 학비도 모두 갚을 테니 조금만 기다려 주세요"라며 전화할 때마다 내게 위로와 격려를 보냈다. 하지만 어떤 어미가 아들의 카드를 마음대로 쓸 수 있을까? 그럼에도 불구하고 나는 그날을 기다리며 살아가고 있다.

긍정의 힘을 강하게 믿는 아들이라서 그 목표도 반드시 이루리라 확신한다.

한번은 "힘들지 않느냐?"며 걱정하는 내게 이런 얘기를 들려주었다.

"엄마, 남의 목표가 아닌 나의 목표를 위해 헌신할 수 있어 얼마나 좋은지 몰라요. 모든 게 내 일이잖아요. 제가 가야 할 목표와 목적이 분명하게 있어서 얼마나 힘이 솟는지 몰라요. 그래서 즐겁고 행복해요. 엄마, 전 축복 받은 인생이에요."

난 얼마나 감동했는지 모른다. 아들은 이미 2006년에 10년 목표를 만들어서 보냈는데 벌써 많은 목표를 달성했다. 지금도 박사과정을 공부하면서 산호세(San Jose)에 이어 새크라멘토(Sacramento)에서까지 열정적으로 활동하고 있는 모습을 볼 때 남은 목표도 계획보다 훨씬 더 빨리 이루어지리라 확신한다.

요즘 미국의 경제가 많이 어렵지만 현실에 안주하지 않고 온갖 방법을 다 동원하는 열정 덕분에 아들은 잡초처럼 어떤 어려움도 잘 이겨내리라 굳게 믿는다.

작은아들은 나의 스승임에 틀림없다. 늘 밝고 활기찬 모습으로 목표를 향해 끊임없이 노력하면서 또한 사랑을 실천하기 위해 봉사활동에도 정성을 다하는 아들이 인술을 베푸는 훌륭한 한의사가 되리라 믿는다. 그리고 항상 가족을 소중하게 생각하는 마음이 너무나 자랑스럽고 고맙다.

나의 스승인 작은아들아, 정말 고맙구나!

이 엄마는 너를 생각하면 늘 기운이 솟고 웃음이 나와서 행복하단다.

행복편지 · 03

웬 떡?

원룸에서 지내는 큰아들이 이번 주말에 온다는 전화가 왔다.

아내는 아들이 집에 온다고 하면 일주일 전부터 무얼 해 먹일지 궁리부터 한다. 그래서 아들이 언제 가는지 꼭 물어본다. 이번엔 금요일 저녁 늦게 와서 토요일 점심까지 먹고 간다고 했다.

아들에게 겨우 두 끼니밖에 먹일 수 없음에도 아내는 서운한 마음보다 고마움이 더 많은 모양이다.

우리 부부는 금요일 저녁이 가까워지자 아들이 몇 시에 도착하는지 궁금했다. 회사 업무시간 중이라 전화하는 것이 방해될까 싶어 문자를 보냈지만, 아들은 언제 도착할지 모르겠다고 했다. 아들은 기다리는 부모 마음을 아는지 모르는지 제 할 일을 다 하고 올 모양이다. 그래도 아들이 온다니 기뻤다.

저녁을 먹은 후 우리 부부는 운동을 하기 위해 집을 나섰다. 아내는 걸으려고 공원으로, 난 헬스장으로.

헬스를 마치고 나오다 아내에게 전화를 걸었다. 혹시 아들이 도착할 때가 되었으면 함께 갈 수 있을까 싶어서. 그런데 아들은 갑자기 친구들과 모임이 있다면서 늦은 시간에야 도착하겠단다. 아내는 보고픈 마음을 접어두고 흔쾌히 그러라고 했다.

하지만 아들은 엄마의 마음을 눈치 챘는지 토요일 저녁까지 먹고 가겠다고 했다. 마치 제 어미를 위해 생색이라도 내듯이 말이다. 아내는 그런 아들이 너무나 사랑스럽고 좋은 모양이다.

우리 부부는 잠자리에 들 시간이 지났지만 잠자지 않고 아들을 기다렸다. 그런데 밤 12시가 지나서야 현관문 여는 소리가 들렸다. 아내는 자는 척하면서 나만 나가라고 했다.

아들은 싱글벙글거리며 선물을 내밀었다. 뭔가 싶어서 펴 보니 '이게 웬 떡인가?'라는 말처럼 맛있는 떡이 아닌가? 여자친구가 아빠 엄마께 보낸 선물이란다. 예쁘고 착한 마음을 보는 것 같아 참 고마웠다.

아들과 하는 이야기를 듣고서는 더 이상 견딜 수가 없었는지 아내는 일어나 거실로 나왔다. 떡이 너무나 예쁘고 맛있어 보인다며 아내는 하나만 먹자고 했다. 하지만 시간이 너무 늦어 참자며 만류했다. 그리고는 아들과 이런저런 얘기를 나누다 잠자리에 들었다.

아침에 일어나자마자 아내는 아들의 여자친구가 보낸 그 떡으로 아침식사를 차렸다. 나야 떡이라면 그 어떤 음식보다 먼저 손이 가지만, 아내는 떡을 별로 좋아하지 않는다. 그런데 웬일인가? 보기 좋은 떡이 맛도 있어 보여서 그런지 아내는 무려 3개나 먹었다. 아침마다 먹는 과일이며 야채도 미루고 오로지 떡으로만 배를 채웠다.

"이게 더 맛있을까? 저게 더 맛있을까?" 하며 서로에게 골라주면서 먹는 아침이 너무나 행복했다.

아들도 늦게 일어나자마자 떡을 맛있게 먹었다.

그런 후 나는 오랜만에 아빠 노릇(?)도 했다. 서른 살 아들에게 아직은 아빠가 필요한 모양이었다. 다름 아닌 욕실에 들어간 아들이 한참 지나서 "아빠!" 하고 불렀다. 때가 불었으니 등을 밀어달라는 말이었다. 그래도 난 기뻤다. 서른 살 아들이 편하지 않으면 과연 나를 찾았겠는가?

더구나 오후엔 모처럼 아들과 어릴 때 추억을 떠올리면서 뒹굴다 한 자리에서 낮잠도 잤다. 부모에게 자식은 아무리 나이가 들어도 그저 어린애로만 보였다. 아마 우리 부모님도 그러셨을 것이다.

나는 아들과 이리저리 만지고 간질이며 장난도 쳤다. 아들은 아빠의 그런 맘을 아는지 먼저 장난을 걸기도 했다. 가만히 있는데 어느새 손가락으로 옆구리나 가슴을 꾹 찔러도 보고 간질이기도 했다. 난 그런 아들이 참 좋다.

아들은 17시간 동안 머물다 저녁을 먹고 나서야 돌아갔다. 짧은 만남이었지만 큰 기쁨을 한 아름 주고 갔다.

아내와 난 아들을 버스정류장까지 배웅했다. 버스가 떠난 후 걸어오면서도 행복감을 느꼈다. 이런 아들이 우리한테 있어서 얼마나 좋은지 모른다.

'아들아, 사랑해!'

행복편지 · 04

언제나 신혼

분난 씨의 결혼생활 15년은 어느덧 강산이 변하고 또 한 번의 강산이 변해 가지만 참으로 짧게만 느껴지는 시간이다. 하루하루 행복하고 즐겁게 생활하다 보니 아직도 신혼생활을 하고 있는 것만 같다.

늦은 시간에 퇴근하면서도 항상 웃는 얼굴로 현관에 들어서자마자 다정한 포옹과 입맞춤으로 "오늘 수고했어"라는 남편의 한마디에 피곤함이 다 사라진다. 순간 행복지수는 저절로 높아 간다. 그리고 남편은 세숫대야에 따끈한 물을 떠와 분난 씨의 발을 담그라고 재촉하며 하루 동안 있었던 재미난 이야기를 다 들려준다.

남편은 분난 씨가 하는 일은 무조건 다 '잘했어'라며 칭찬만 한다. 그리고 회사에서 있었던 속상한 이야기까지 들려주며 분난 씨의 조언을 귀담아 듣는다. 이렇게 해서 긴 하루의 일과가 끝난다.

남편은 2주에 한 번씩 분난 씨의 손톱을 깎아주는데 그러면서 손끝으로 사랑을 느끼는 모양이다. 이러한 남편사랑의 보답으로

분난 씨는 아들과 시댁에 헌신적으로 한다. 명절에는 미리 내려가서 3일이나 시댁에 머물며 시어른께 정성을 다한다. 시댁에 갔다 오면 남편은 "여보 수고했어"라며 위로해 주고 집안일을 도와준다. 뿐만 아니라 남편은 장인에게 용돈을 매달 부치면서 정성을 다한다.

분난 씨 부부를 보면 모든 것은 서로에게 부메랑이 되어 돌아오는 것 같다.

분난 씨는 내가 사는 아파트의 18층에 산다. 이 부부는 언제 봐도 싱글벙글 태양처럼 밝고 명랑하다. 초등학생인 아들 역시 부모를 닮아서 얼마나 쾌활하고 인사를 잘하는지 모른다. 아마 행복한 아빠 엄마로부터 사랑을 듬뿍 받아서 그런 것 같다.

하루는 그 남편의 피부가 윤기가 나서 물어보니 아내가 얼굴마사지를 그렇게 열심히 해 준다고 했다.

살림, 자녀교육, 운동을 열심히 하면서 동네 도서관에 단골로 드나드는 멋진 분난 씨다. 손에서 늘 책이 떠나질 않는 것 같다. 우리 아파트 사람 중에 제일 부지런한 사람이다. 그리고 남편에게 사랑과 인정을 받다 보니 주위 사람들에게 선행을 많이 한다. 그렇다 보니 항상 주위에 사람들이 많다.

분난 씨 부부처럼 서로에게 사랑을 듬뿍 주고받게 되면 당사자는 물론 자녀까지 기운이 넘치고 활기찬 생활을 할 수 있다.

행복편지 · 05

나는 앵벌이!

어제 저녁에는 인천에서 나 혼자 리더십 강의가 있었다. 오가는 데 제법 시간이 걸리는 거리인 데다 밤 10시에 강의를 마치기 때문에 피곤해서 안 된다며 아내는 핸들을 잡았다. 더구나 전날이 조부님 기일이어서 온종일 준비하느라 피곤했을 텐데도.

강의를 마칠 때까지 한두 시간도 아니고 무려 다섯 시간을 혼자 기다려야 하지만 아내는 걱정하지 말라고 했다. 참으로 고마운 아내다.

난 아내를 차 속에 혼자 남겨두고 강의장으로 향했다. 강의하는 동안에는 온통 수강생에게 집중하느라 시간가는 줄 몰랐다. 그렇게 강의를 마친 후 강의장을 나서면서 전화기를 켰다. 어느새 아내에게서 '후문 출입구에 있어요'라는 문자가 와 있었다.

아내는 활짝 웃는 얼굴로 강의하느라 수고했다며 차 문을 열고 반갑게 맞아 주었다. 이어서 하는 말이 걸작이었다.

"여기서 기다리니까 마치 앵벌이 대장 같은 느낌이 들어서 나

혼자 얼마나 웃었는지 몰라요!"

"그게 무슨 말이요?"

"당신은 강의하느라 고생하는데, 차에서 기다리고 있으니 마치 돈 벌러 보내 놓고 도망가지 못하게 출입구를 지키고 있는 앵벌이 대장 같은 느낌이 들어서 혼자 실컷 웃었지요!"

"생각하니 그런 것 같네요. 난 또 기사를 주차장에 기다리게 해 놓아서 참 미안했는데요. 혼자 와도 되는데도 당신이 와줘서 많이 미안하고 고마웠어요."

우리 부부는 서로 쳐다보며 한동안 웃었다.

난, 무엇이든 괜찮다. 아내를 위해서라면 얼마든지 앵벌이가 되고 싶다.

아내 역시 같은 생각이리라. 내가 가는 곳이라면 어디든지 기꺼이 기사로 나선다. 그뿐이 아니다. 아무리 먼 곳이라도 술을 마셨다고 전화하면 아내는 즐겁게 달려왔다. 그런 아내에게 앵벌이가 무슨 대수인가?

아내는 차를 타자마자 내가 즐겨 보는 드라마를 볼 수 있도록 DMB를 켜주었다. 혼자서 기다리느라 무슨 이야기든지 하고 싶었을 테지만, 나를 생각하며 말없이 운전만 했다. 드라마가 끝나고 나서야 아내는 강의에 대한 궁금한 내용을 물었다. 그렇게 얘기를 주고받는 사이에 12시가 다 되어서 집에 도착했다.

집에 들어서자마자 강사료 봉투를 내놓는데 아내는 또 웃었다. 달라고 하지 않아도 봉투를 내놓는 걸 보니 자신이 영락없이 앵벌이 대장 같다면서.

나도 너스레를 떨었다.

"수입을 몽땅 내놓지 않았다가 혼쭐이 나려고요?"

아내와 나는 잠자리에 누워서도 한참을 웃었다. '앵벌이냐? 전용 기사냐?' 하면서….

이른 새벽에 일어났지만 조금도 피곤하지 않다. 어젯밤 아내가 한 말을 생각하니 나도 모르게 웃음이 자꾸 나온다. 아내도 아마 기다리면서 나처럼 이런 생각이 들어서 웃었던 모양이다.

생각할수록 아내에게 너무나 고맙고 한편으로는 미안하다. 아무리 어렵고 힘들어도 기꺼이 함께해 준 아내다. 특히 강의 갈 때마다 웬만하면 아내는 함께 나선다.

아무리 준비를 많이 했더라도 강의는 늘 나를 긴장하게 만든다. '인사말을 무엇으로 하고, 마무리는 어떻게 할까? 참석자는 어떤 분들일까? 연령은? 남녀 비중은? 어떤 반응을 보일까? 어떤 도움을 줄 수 있을까?'를 생각하게 한다. 또 준비한 내용을 마음속으로 정리하느라 긴장이 된다. 그런 내게 아내는 청량제와 같은 역할을 한다.

내가 생각을 정리할 때는 편안하게 집중할 수 있도록 말을 걸지 않고 운전만 한다. 하지만 너무 긴장한다 싶으면 뛰어난 유머로 분위기를 반전시킨다. 한바탕 웃다 보면 긴장이 풀리며 마음이 가벼워진다. 그러면서 아내는 내게 늘 용기를 주고 활력을 불어넣는다.

"당신은 잘할 수 있어요! 사람들을 편안하게 해 주세요!"라는 말도 빠뜨리지 않는다. 아내의 격려와 믿음 덕분에 난 늘 편안한 마음으로 강단에 설 수 있었다.

강의를 마치고 나오면 아내는 제일 먼저 환한 미소로 피로를 풀어준다. 특히 기운도 빠지고 배가 고플 것 같다며 내가 좋아하는 찰떡을 내민다. 난 그런 아내가 얼마나 고맙고 사랑스러운지 모른다. 아내의 헌신적인 뒷바라지 덕분에 난 부족함이 많음에도 불구하고 지금까지 올 수 있었다.

요즘에는 혼자보다는 아내와 함께하는 강의가 대부분이라서 참 좋다. 아내와 함께하면 난 마음이 편안하고 기운이 솟는다.

나는 혼자 마음속으로 다짐한다.

'여보, 당신이 내 아내라서 너무나 고맙고 행복해요! 난 앞으로 더 성실한 앵벌이가 되겠소!'

행복편지 · 06

아들은 손님!

내일 새벽 고향에 벌초하러 가기 위해 오늘 점심 무렵에 아들이 집에 온다.

어젯밤에 아들에게 무얼 먹고 싶은지 전화로 물어 보았다. 아들은 점심으로 삼겹살을 구워 먹고 싶다고 했다. 제일 쉽고 간단한 음식이 바로 고기반찬이다. 야채와 고기만 있으면 되니까.

마트에 삼겹살을 사러 가려고 하는데 남편이 보이지 않는다. 물소리가 나서 화장실로 가보니 글쎄 남편이 화장실 청소를 하고 있었다. 아마 아들이 온다기에 집안을 청결하게 하려는 모양이다. 하기야 시아버님도 우리가 갈 때면 집안 정리정돈과 화장실 청소를 한다고 하셨다. 부전자전인가? 아님 아들과 며느리는 손님이라서 그럴까?

내가 생각하기에는 손님임에 분명하다. 나 역시 아들이 집에 온다고 하면 왠지 집안 정리정돈과 반찬에 신경이 쓰인다. 그뿐이 아니다. 남편과 둘만 있을 때는 무슨 말을 해도 괜찮고 먹는 것도

이미 정해져 있기 때문에 마음이 편안하다. 그런데 아들이 집에 오면 먹는 것부터 우리와는 다르기 때문에 마음이 쓰인다. 우리가 먹는 청국장도 아들은 먹지 않아서 몰래 먹어야 한다. 또 아들 혼자만 먹게 할 수 없어 함께 먹거나 아들에게 간식을 주다 보니 과식하는 경우도 많다.

남편과 장난치고 애교도 부리면서 마음 놓고 하던 행동들도 아들이 있을 때는 조심하다 보니 조금은 불편하다. 특히 생리현상(방귀)을 마음대로 할 수가 없다. 아마 장의 기능이 약해져서 그런지 나이 들면서 웬 생리현상이 그렇게 자주 나오고 소리도 큰지. 그 소리에 남편과 나는 서로 쳐다보며 한참 동안 웃지만 아들이 있을 때는 소리 나지 않게 조심하느라 속이 거북스럽다.

그리고 가끔 집에 오는 아들이라 뭐든지 잘해 먹이고 싶고, 온갖 이야기도 나누고 싶은 게 어미 마음이다. 하지만 혹시라도 남편이 자기보다 아들만 챙긴다며 삐칠까 봐 마음이 여간 쓰이지 않는다.

아들이 좋아하는 갈치를 구워 내더라도 남편에게 가운데 큰 토막을, 아들에겐 작을 것을 내놓는다. 딸기도 남편에게 가장 큰 것을, 아들에게는 그보다 작은 것을 차려 낸다. 그러고는 남편의 표정을 읽는다. 남편은 내가 아들보다 항상 자기를 먼저 챙겨 주고 우선하고 있다고 느낄 때 아들에게 너그러워지고 포용하는 것 같다.

부자간에 잘 지내도록 하기 위해 난 많은 신경을 쓴다. 그래서 아들이 집에 와 있으면 이 눈치 저 눈치를 살피느라 눈치선수가 된다. 남자들이란 이렇게 단순하여 조금만 신경을 써 주면 잘 지내는 것 같다. 특히 남자들에게 가장 예민한 '서열'을 놓치지 않아야 가정에 평화가 지켜진다는 것을 나는 잘 알고 있다.

자식이란 오면 반갑고 가면 고맙다. 그래도 아들이 온다니 조금이라도 잘해 먹이고 싶고, 편안하게 해 주고 싶다. 이게 자식을 둔 어미 마음이 아닐까?

행복편지 · 07

어떤 어려움도 이겨내게 하는 'We'

오늘 지방에서 사업을 하는 동생을 만났다. 요즘 사업이 어떠냐고 물었더니 일거리가 없어 힘들다고 했다. 주로 미국으로 수출하다 보니 아마 금융위기의 직격탄을 맞은 모양이다. 동생은 너무 걱정하지 말라면서 "버티면 어떻게 되겠지요"라고 했다. 다행히 표정은 그래도 밝았다.

'그래 맞다. 요즘처럼 어려울 땐 버티는 게 최고다'라는 생각이 든다.

동생의 이야기를 듣고 보니 문득 지난주 TV에서 들었던 이야기가 생각났다.

1930년대 미국의 대공황 시기에 피터 가족이 있었다. 아빠의 실직으로 크리스마스가 다가오는데도 선물을 살 돈이 없었다. 이들(아빠, 엄마, 피터)은 의논한 끝에 좋은 방법을 찾아내었다. 상상력을 동원하여 선물을 그림으로 그려서 서로에게 주기로 했다.

엄마는 크고 멋진 검정색 승용차를 그려서 아빠에게 주었고, 아빠는 아름다운 다이아몬드가 박힌 팔찌와 예쁜 모자를 그려서 엄마에게 주었다. 아빠 엄마는 선물을 받아 들고는 기분이 너무 좋아 서로 쳐다보며 활짝 웃었다.

아빠 엄마는 큰 종이에 커다란 수영장을 그리고 나서 잡지책에서 멋있는 장난감을 오려 붙인 그림을 피터에게 주었다. 피터는 그 선물을 받고는 입이 쩍 벌어졌다. 평소 좋아하던 장난감과 그렇게 갖고 싶었던 수영장이 있었다.

이번에는 피터가 아빠 엄마에게 선물을 주었다. 종이에 아빠, 엄마, 아들 세 사람이 그려져 있고, 그 아래에 삐뚤삐뚤한 글씨가 씌어 있었다. 그걸 보는 순간 아빠 엄마는 눈물이 핑 돌았다. 그 글씨는 다름 아닌 'We(우리)'였다.

세상에서 가장 소중한 건 바로 '우리'란다. 아무리 어렵고 힘들어도 '우리'를 생각하면서 이겨내자고 피터가 말했다. 어린 피터의 선물을 받고 아빠 엄마는 큰 용기를 얻었다. 아직 아무것도 모르는 어린애로만 생각한 피터가 큰 지혜를 선물로 주었다.

우리는 혼자가 아니다. 아무리 어렵고 힘들더라도 우리에겐 세상에서 가장 든든한 배우자와 자녀들이 있다. 힘이 들고 지칠 때는 가족을 생각하면서 배우자에게 손을 내밀자.

배우자와 손잡고 이야기를 나눈다면 그 어떤 어려움도 이겨낼 수 있다. 바로 피터의 지혜처럼 우리에게는 언제나 함께하는 든든한 가족이 있지 않은가. 소나기가 퍼붓고 천둥이 칠 때는 우선은 피해야 한다. 하지만 그 어떤 어려움도 시간이 흐르면 지나가게 마련이다.

행복편지 · 08

봉숭아 물들이기

어제는 친정식구들이 방문했다.

남편과 함께 설거지와 청소를 마친 후 여느 때처럼 집 근처의 대학교로 산책을 나갔다. 거기엔 날마다 우리가 앉아 이야기 나누는 벤치가 있다. 그 벤치의 추억은 이루 말로 다할 수 없다. 좋은 일이 있을 때는 그곳에서 깔깔거리며 함께 기뻐했고, 힘든 일이 있을 때는 서로를 위로하며 격려해 주었다. 많이 웃고 울며 우리 부부의 사랑을 키우는 장소다.

어제 역시 그 벤치에서 미래의 우리 부부 모습을 생각하며 이야기하던 중 갑자기 남편이 긴급 제안을 했다.

"여보, 당신 손톱에 봉숭아 물들여 줄까요?"

난 태어나서 지금까지 매니큐어를 한 번도 칠하지 않았다. 그런 손을 남편은 더 좋아했다. 매니큐어는 아니지만 손톱에 물을 들여 준다니 남편도 나이가 든 탓일까? 이 나이에 주책일까? 난 남편의 제안에 무조건 "오케이"라며 화답했다. 마치 연애시절처럼 가슴이 두근거리며 흥분되었다. 더구나 나이 들어서도 변함없이 남편에게 사랑을 받는 것 같아 온몸에 전율마저 느껴졌다.

남편은 무슨 일이든지 즉시 실행하는 행동파다. 우린 그 자리에서 일어나 내려오다가 교회 옆에서 봉숭아 꽃잎을 뜯고 약국에 들러 명반을 샀다. 집에 오자마자 남편은 봉숭아 꽃잎을 정성스럽게 찧어 손가락 하나하나에 얹은 후 랩으로 감싸고 실로 묶어 주었다. 난 혹시나 잠잘 때 풀릴까 걱정이 되어 잠을 많이 설쳤다. 그런데 오늘 아침에 눈을 뜨자마자 실을 풀고 손가락을 보니 손톱에 곱게 물들여져 있는 것이 아닌가. 참 행복했다. 나는 즉시 남편에게 입맞춤으로 보답을 했다.

세상사는 게 별 것 아닌 것 같다. 이런 일에 사랑을 느끼고 행복할 수 있으니. 세월이 흘러 먼 훗날 오늘 일이 아주 재미있는 추억이 되리라 믿는다.

여자들은 추억을 먹고 산다. 추억거리가 많으면 많을수록 삶이 풋풋하고 행복해진다. 난 앞으로도 추억을 하나 하나씩 만들면서 살고 싶다. 이런 내 마음을 알아챘는지 요즘 들어 남편은 자주 추억거리를 만들어 준다. 나도 그런 남편의 마음을 조금씩 훔쳐보고 미리미리 채워 주어야겠다. 이처럼 남편들의 조그마한 관심에 아내들은 크나큰 사랑과 행복을 느낀다.

행복편지 · 09

효자를 만드는 말 한마디

우리 부부는 함께 강의하러 다니느라 전국을 여행한다.

며칠 전에는 완도에서 배로 한 시간쯤 걸리는 소안도에서 강의 요청이 들어왔다. 거리가 너무 멀어서 어떻게 할까 싶었는데 마침 여름휴가 시기와 딱 맞았다. 이참에 친정어머니를 모시고 며칠간 쉬었다가 오면 좋겠다는 생각이 들어 전화를 드렸다. 친정어머니는 너무 좋아하면서 마음이 맞는 고모와 당숙모도 함께 가도 되겠느냐고 했다. 그렇지 않아도 어릴 때부터 잘해 주셨던 분들이라 흔쾌히 그러자고 했다.

우리 부부는 친정어른 세 분과 함께 강의 일정보다 며칠 전에 소안도의 민박집에 도착했다. 소안도는 물론 근처의 보길도, 노화도를 여행하는 내내 친정어머니가 행복해하는 모습을 보니 졸지에 효도하는 것 같아 얼마나 흐뭇했는지 모른다.

그리고 어른들이 좋아하는 트롯가수들(나훈아, 이미자, 주현미 등)의 노래를 동영상으로 준비해 왔는데 저녁마다 노트북으로 보여 드렸더니 너무나 좋아했다. 노래가 나올 때마다 어린아이처럼 손뼉치고 따라 부르면서 노느라 시간가는 줄 몰랐다.

인심 좋은 민박집 주인도 어른들이 흥겹게 놀 수 있도록 많이 배려해 주었다. 거기다 갓 잡은 싱싱한 전복, 광어와 같은 회를 싼값에 마음껏 먹을 수 있어서 너무나 좋았다. 4일간의 일정을 마치고 돌아오는 길에 해남 5일장에 들러 장보는 즐거움까지 맛본 어른들은 내년에는 백령도로 가자고 했다.

친정어머니는 함께 지내는 동안 딸이 어른들에게 정성을 다할 수 있도록 많이 도와주었다. 그 덕분에 친정어른들은 즐겁게 휴가를 보냈다며 고맙다는 말씀을 아끼지 않았다. 더구나 처가댁 어른들과 함께 지내는 불편함도 내색하지 않고 분위기를 맞춰 주고 챙겨 준 남편이 참 고마웠다. 우연한 기회에 친정어머니에게 작은 효도라도 한 것 같아 마음속의 묵은 체증이 내려간 것 같았다.

정말 놀라운 일은 그날부터 친정어머니는 딸한테 "고맙다!"는 말씀을 정말 자주했다. 그전까지만 해도 그렇지 않았던 친정어머니는 휴가 동안 딸과 사위의 작은 정성에 조금은 감동을 받은 모양이다.

나는 친정어머니지만 고맙다는 말을 들으면 마음을 얻은 것 같아 기분이 참 좋다. 전화도 더 자주 드리고 싶고, 이야기도 더 많이 들어 드리고, 무엇이든지 잘해 드리고 싶다. 그래서 그런지 요즘 친정어머니와 날마다 통화하면서 온갖 이야기를 나눈다. 그전까지만 해도 그렇게 자주 통화하거나 아기자기한 이야기를 나누지 못했다.

아마 남편도 그러는 것 같았다. 친정어머니는 사위에게도 고맙다는 말을 얼마나 잘하는지 모른다. 휴가기간 동안 어른들에게 맞추느라 조금은 힘들었지만 친정어머니가 행복해하는 걸 보면 함께 휴가 간 것은 참 잘한 것 같다. 다음에도 좋은 곳으로 강의 갈 기회가 있을 때는 친정어머니를 꼭 모시고 가야겠다.

지난 금요일에는 경주에서 강의하고 올라오느라 밤늦게야 집에 도착했다. 우리가 도착하고 얼마 안 있어 큰아들도 밤 12시가 다 되어 집에 왔다. 다음주 수요일이 아빠 생일이라 미리 온 모양이었다.

아들은 선물을 꺼내 놓았다. 선물을 풀어 보니 아주 근사해 보이는 시계가 아닌가? 아들은 싸다고 엄살을 떨었지만 제법 비싸 보이는 시계였다. 아주 마음을 단단히 먹고 준비한 듯했다.

남편이 지금 차고 있는 시계도 역시 큰아들이 회사에서 사은품으로 받아온 것이다. 남편은 그 시계가 편하고 좋다며 열심히 차고 다녔다. 아들은 그런 아빠가 짠하게 느껴졌나 보다.

남편은 시계를 껴보더니 멋진 시계를 선물해 줘서 고맙다며 아들에게 몇 번이나 말했다. 천진난만하게 좋아하는 모습이 마치 어린아이와 같았다.

미국에 있는 작은아들은 여름을 건강하게 잘 지내라며 보약을 선물하고, 큰아들은 아주 멋진 시계를 선물했다. 우리 아들들은 효자임에 틀림없다. 아마 첫째 아들이 효자라서 둘째 아들 역시 그대로 따라가는 것 같다.

남편 생일 덕분에 보약 먹고 여름을 건강하게 보낼 수 있게 되었고 또 시계를 보면서 시간관리를 더욱 잘할 수 있을 것 같다.

효자는 부모와 자녀가 함께 만드는 것이라 생각한다. 과거에 우리 부부는 마음에도 없는 인심 잃는 말을 많이 한 것 같다. "이거 얼마 줬어? 쓸데없이 이런 걸 왜 사 왔어. 이런 데 신경 쓰지 말고 네 할 일이나 잘해!"와 같은 말을.

실컷 잘해 주고 나서 말 한마디 잘못해서 욕먹는 일만 했다. 아무리 공들여 쌓아도 금세 허물어지고 마는 모래성처럼 말이다.

그러나 요즘은 좋은 말, 고운 말, 특히 듣기에도 좋은 말을 하려고 애를 쓴다.

진심으로 노력했더니 아들과의 관계는 빠르게 좋아졌다. 아들이 주는 것은 무엇이든 '고맙다'고 한다. 받는 사람의 마음보다 주는 마음을 생각하면 정말 고마울 따름이다. '고맙다'고 하니 아들이 얼마나 좋아하는지 모른다.

부모와 자식 간에 이보다 더 큰 찬사가 어디 있겠는가? 부모는 자식이 효자 노릇을 할 수 있도록 도와주고, 자녀는 부모가 즐거워하는 것을 보면 더 잘하고 싶다. 이 말이 바로 '고맙다'는 말이다. 특히 아버지의 고맙다는 말 한마디는 아들에게는 큰 감동이 된다. 그런 감동이 바로 아들의 마음을 움직이게 하는 원동력이다.

원래 부자간은 경쟁관계이기 때문에 사이가 가까워지기 쉽지 않다. 남들은 모두 인정해도 아버지는 좀처럼 자기 아들을 인정하지 못한다. 조금만 노력하면 더 잘할 수 있을 것이라는 기대가 있기 때문이다. 그래서 아버지는 아들에게 고맙다거나 칭찬하는 말에 인색하다.

남편의 경우만 봐도 그렇다.

이번 시계만 해도 아빠에게는 비밀로 해달라면서 아들은 나한테 미리 디자인을 보여 주었다. 아들이 선택한 디자인이 남편의 취향과는 다소 거리가 있었지만 나는 좋게 보였다. 아들은 아빠가 시계를 좋아할지 모르겠다며 걱정을 많이 했다.

그래서 남편에게 미리 부탁했다. 아들의 생일선물이 다소 마음에 들지 않더라도 무조건 '고맙다!'는 말만 하라고. 그래도 마음이 놓이지 않아서 '고맙다!'는 말을 몇 번이나 연습까지 시켰다.

아빠를 생각하는 아들의 갸륵한 마음을 내가 여러 번 이야기한 덕분인지 남편은 아들의 시계를 보자마자 진심을 담아 "고맙다!"고 했다. 옆에서 지켜보는 내 마음이 조마조마했지만 다행히 남편은 아들의 마음을 잘 받아주었다. 그러면서 덧붙이는 말이 참 걸작이다. "디자인이 젊어 보여서 참 좋구나!"라는 말도 했다. 그 말을 들은 아들이 또 얼마나 좋아하는지.

아들은 그 후에도 아빠가 시계를 잘 차고 다니는지, 정말 좋아하는지, 내게 몇 번이나 물었다. 남편은 아들이 선물한 시계가 정말 좋은지 강의할 때마다 시계가 드러나도록 와이셔츠를 걷어 올려서 자랑한다. 그런 이야기를 들은 아들은 환갑 때는 정말 좋은 시계를 선물하겠다고 내게 약속까지 했다.

이처럼 고맙다는 말은 되로 주고 말로 받는 말이다. 부모자식 간에도 이와 같은 되로 주고 말로 받는 큰 사랑의 장사를 했으면 좋겠다. 그래야 더 훌륭한 효자를 만들 수 있지 않을까?

행복편지 · 10

주치의 아들

갱년기 증세로 약 두 달째 고생하고 있을 때였다.

온몸에 열이 나고 땀이 나서 밤에 제대로 잠을 잘 수가 없었다. 하룻밤에도 몇 번이나 잠에서 깨어 차가운 베란다로 나가 누웠다가 들어오기를 반복하면서 밤이 얼마나 지겹고 길게 느껴졌는지 모른다. 뿐만 아니라 강의할 때도 식은땀이 흘러내려 감당이 되지 않았다.

그 증세만으로도 하루하루가 힘들고 어려운 때에 또 다른 충격적인 일까지 덮치다 보니 몸과 마음이 너무나 아파 난생처음으로 8일째 꼼짝 못하고 누워 있었다. 하지만 자신의 일도 바쁠 텐데 걱정할까 싶어 숨긴다고 노력했지만 아들의 안부전화에 그만 들키고 말았다.

"다른 갱년기 증상의 환자들은 거의 다 완치시키는 한의사인데 그런 아들을 불효자로 만들었어요. 다음에는 조금이라도 아프면 바로 이야기해 주세요!"라며 심하게 야단을 쳤지만 아픈 엄마를

생각하는 마음이라 싫지만은 않았다. 증상에 대해 일일이 묻더니 금방 한약을 처방해서 이메일로 보내왔다.

그 처방전대로 한약재를 사와서 집에서 다려 닷새쯤 먹었더니 신기하게도 갱년기 증상이 말끔히 사라졌다. 그 덕분에 밤에 한 번도 깨지 않고 잠잘 수 있어서 너무나 좋았다.

그런데 이번에는 가슴에 폭탄을 안고 있는 것처럼 불안하고 너무 답답하여 우울증까지 겹치는 것 같다고 했더니 급히 또 처방전을 보내왔다.

작은아들의 정성과 사랑이 담긴 약 덕분과 이제는 거의 다 나은 것 같다. 아마 이 약을 마저 먹고 나면 몸과 마음이 깔끔하게 나아져서 따뜻한 봄을 맞을 수 있을 것이다.

작은아들은 체격이 크지만(키 184cm, 몸무게 85kg) 막내라서 그런지 살갑게 다가오고 애교도 참 잘 부린다. 아마 하느님이 딸을 대신해서 보내 주신 것 같다.

그런 아들을 떠올릴 때마다 마치 청량제처럼 느껴져서 내 마음에는 벌써 봄이 찾아온 느낌이 든다.

작은아들은 나의 아픔을 가장 잘 아는 주치의다. 그런데 기가 막힐 정도로 몸보다는 마음의 아픔을 더 잘 알아주고 함께해 준다.

나는 할 일이 많은 아들이 걱정할까 봐서 아파도 이야기하지 않고 참고 견뎠는데, 그렇게 서운하고 단단히 화가 났던 모양이다.

"엄마가 아프면 얼마나 슬픈지 아세요? 엄마가 행복해야 제가 행복하기 때문에 아프면 안 돼요! 그리고 제가 엄마를 얼마나 사랑하는지 알죠? 엄마, 정말 사랑해요."

간사한 게 사람 마음이라 엄마를 생각하는 아들의 말을 들으면서 얼마나 기분이 좋았는지 모른다. 그런 아들 덕분에 오늘은 몸과 마음이 가뿐해서 운동을 열심히 하고 돌아왔다. 이 모든 것이 나의 훌륭한 주치의 덕분이다.

그리고 얼마 전에는 아들이 내게 뼈있는 말을 한마디 던졌다.

"엄마는 아무리 힘들더라도 할아버지 할머니께 생활비를 보내드리잖아요? 저도 엄마가 할아버지께 했던 것처럼 최선을 다해 아빠, 엄마께 잘 할게요. 조금만 기다리시면 열심히 해서 엄마 돈도 갚을 게요."

너무나 든든한 후원자를 얻은 것 같아 얼마나 마음이 뿌듯했는지 모른다. 남편의 회사가 잘못 되는 바람에 평생 겪어보지 못했던 경제적인 어려움을 겪었지만 아들의 따뜻한 말 한마디가 나에게 큰 위로와 힘이 되었다. 그 말 속에는 앞으로도 할아버지 할머니께 더 잘해 드리라는 의미가 담겨있다는 것을 잘 알고 있다.

나는 주치의가 별것을 다 가르친다 싶지만 열심히 배우고 따를 것이다. 작은아들은 우리 가족에게 큰 기쁨과 희망을 주는 '행복에너지 충전소'이자 '건강 주치의'이다.

"작은아들, 파이팅!"

행복편지 · 11

세상에서 가장 맛있는 점심

얼마 전에 경남 사천에서 강의가 있어 점심 도시락을 싸가지고 아침 일찍 집을 나섰다. 그날 역시 승용차 안이지만 노래를 틀어 놓고 남편과 함께 앉은 채로 춤추며 여행을 떠났다. 함께 노래도 부르고 신나게 놀다 보니 얼마나 목이 마른지 생수 1*l*를 다 마셨다.

어느새 시간은 11시 30분으로 흘렀고 배도 고파 함양휴게소로 들어갔다. 점심 먹을 장소를 물색하던 중 남편이 기적이라도 발견한 것처럼 큰소리로 불렀다. 계단 위쪽에 멋있게 지어 놓은 팔각정을 발견하고서였다.

얼마 높지 않은 곳인데도 최근에 발길이 닿지 않은 정말 근사한 장소였다. 주위의 우거진 숲과 들꽃의 향기를 맡으며 아담하고 운치가 있는 팔각정에 돗자리를 펴고 앉아 먹는 점심은 그야말로 진수성찬보다 더 맛있었다.

우리 부부는 준비해 간 도시락 가방을 풀기 바쁘게 맛나는 야채로 쌈을 싸서 정신없이 먹었다. 저마다 바쁘게 살려고 열심히 달리는 고속도로의 자동차 물결을 내려다보면서 여유로움에 감사하고, 저 멀리 높은 산봉우리에 걸쳐 있는 뭉게구름을 쳐다보면서 내일을 꿈꾸면서. 거기다 온갖 풀벌레와 매미들의 합창까지 들으면서 사랑하는 남편과 함께 먹는 점심이야말로 이 세상 그 무엇과도 바꿀 수 없을 만큼 행복했다.

그렇게 맛있는 점심을 먹고 난 뒤 주위를 살펴보니 들꽃이 얼마나 예쁜지 그냥 보고 지나치는 것은 그들에 대한 예의가 아니라는 생각이 들었다. 우리는 디저트로 온갖 폼을 다 잡으며 예쁜 들꽃들을 카메라에 담았다. 그날 팔각정에서 보낸 1시간 동안의 점심은 우리의 삶에 아름다운 행복의 추억을 만들어 주었다.

우리 부부는 강의를 다닐 때마다 늘 끼니를 싸서 다닌다. 콩을 듬뿍 넣은 찰밥에다 여러 가지 야채와 함께. 우린 조금 귀찮더라도 먹는 것을 정성스럽게 해서 먹는 편이다. 거기다 운동도 열심히 한다. 매일 새벽 5시에 일어나 8km를 걷고 30분간 스트레칭을 한다. 우리 부부의 건강비결은 열심히 운동하고 일정한 시간에 맞추어 먹는 야채 중심의 식단이다.

사람들은 우릴 보고 "얼마나 오래 살려고 그렇게 열심히 운동하고 음식을 조심해서 먹나요?"라며 놀린다. 참 어리석은 질문이다. 삼척동자도 알만한 일이 아닌가? 사는 동안 건강하게 살아야 한다. 이것이야말로 가족에 대한 책임과 의무가 아닐까 싶다.

그리고 일주일에 몇 번씩 싸는 점심 도시락이지만 준비할 때마다 참 즐겁고 행복하다. 맛있게 함께 먹어 주는 남편이 있기에 더욱 즐겁고 기쁘다.

다음 주엔 완도에서 배타고 한 시간 들어가는 소안도에 강의하러 간다. 우리 부부는 강의하러 다니는 걸 '행복한 여행'이라고 이름 지었다. 오가는 동안 즐거운 건 말할 것도 없고, 그곳에서 새로운 사람들을 만나 이야기를 나눌 수 있어서 그 어떤 여행보다 행복하다.

이번 여행도 기대가 많이 된다. 낯선 곳에서 새로운 사람들을 만날 수 있고, 그들과 행복하게 사는 방법을 나눌 수 있어서 더더욱 좋다.

우리 부부는 날마다 눈을 뜨면 행복하고, 오늘은 또 누구를 만날까 생각하면 즐겁고 신이 난다. 더구나 남편과 함께 강의여행을 다니면서 도시락 먹는 재미까지 누릴 수 있으니 이 얼마나 좋은가.

행복편지 · 12

소록도를 다녀와서

매스컴을 통해서 보고 들었던 소록도에 오후 늦게 도착했다. 마침 소록도 맞은편 고흥에서 강의가 있었다. 예전에는 배를 타고 들어갔지만 지금은 다리가 연결되어 누구든지 자동차로 들어갈 수 있다.

말로만 듣던 소록도의 모습이 어떤지 보기 위해 다리를 건너기 전에 차를 세웠다. 다리 위에서 바라본 소록도는 푸른 숲과 하얀 건물, 바닷가 해안선이 잘 어우러진 너무나 아름답고 평화로운 한 폭의 그림과도 같았다.

푸른 바다 위에 높다랗게 놓인 소록도 다리를 건너서자 안내원이 주차장에 주차한 후에 5분 정도 걸으면 공원까지 들어갈 수 있다면서 친절하게 안내해 주었다.

오후 4시가 넘었지만 오늘따라 햇볕이 쨍쨍 내리쬐니 한여름이 따로 없다. 햇볕이라도 가리기 위해 우산을 꺼내 들고 공원으로 향했다. 얼마 걷지 않았는데 눈앞에 흰색 페인트칠을 한 병원건물

이 보이고 그 입구에는 커다란 위령탑이 하나 있었다. 안내문을 읽는데 마음이 너무도 아렸다.

일제에 의해 강제로 수용된 원생들이 인간 이하의 비참한 대우를 받으며 혹독한 강제노동에 시달렸다. 그러다 해방이 되자 대표를 뽑아 자치를 요구하던 수십 명 모두가 우리나라 정부에 의해 죽임을 당했다. 너무나 비통하고 슬펐다. 그런데 수십 년의 세월이 흐른 뒤에야 정부에서 그들의 영혼을 위로하기 위해 탑을 건립했다.

그렇게 슬픈 영혼이 잠들어 있는 위령탑을 참배하고 나니 길 앞에는 외부인의 출입을 금하는 팻말이 있었다. 그만 돌아가야 하는가 싶어 두리번거리며 망설이는 우리 부부를 보고는 근처에 앉아 있던 한 사람이 병원 뒤로 돌아가면 공원이 있다면서 알려 주었다. 그 분 말대로 병원 뒤로 돌아가니 정말 아름답게 잘 가꾸어진 공원이 있었다.

공원으로 막 발을 들여 놓으려는데 길 아래에는 일제 당시 원생들이 생활하던 숙소가 보존되어 있었다. 안내문을 읽은 후 직접 그들이 생활하였던 방을 돌아보았는데 한숨부터 나왔다. 몸이 아픈 환자들에게 치료는 못해 줄망정 어떻게 감옥과도 같은 이곳에서 생활하게 하였는지 너무나 비통했다.

그곳을 나와 나무들이 아름답게 잘 가꾸어진 공원으로 발길을 옮겼다. 어쩌면 이렇게 아름답게 가꾸었을까 싶을 정도로 다양한 나무들이 잘 손질되어 있었다. 우리는 공원이 만들어진 과정을 모른 채 산책하며 사진도 몇 장 찍었다.

나오는 길에 공원을 만든 과정이 쓰여진 안내문을 읽는 순간 놀라지 않을 수가 없었다. 그 아름다운 공원을 만들기까지는 무려 연인원 6만 명의 몸이 불편한 원생들이 피와 땀으로 3년이 넘는 공사 끝에 이루어졌다는 것이다. 몹쓸 병을 얻어 부모형제로부터 버림받고 이곳 외딴 섬에 수용된 것만 해도 이루 말할 수 없을 정도로 슬프고 외로운데, 강제노동으로 갖은 고생을 다했다고 생각하니 너무나 비통했다.

비록 소록도의 아주 작은 부분밖에 돌아보지 못했지만 그곳에 있는 풀 한 포기, 나무 한 그루마다 원생들의 한과 눈물이 배었다고 생각하니 고개가 절로 숙여지고 숙연해졌다. 내일 일정 때문에 어쩔 수 없이 공원의 일부만 보고 떠나올 수밖에 없었지만 소록도 방문은 많은 것을 깨닫게 해 주었다.

모든 아름다움의 이면에는 슬픔과 아픔이 녹아 있다. 바로 소록도의 이름 뒤에는 가족들로부터, 나라로부터, 모두로부터 외면당한 채 외로움과 병마에 시달리며 고통스럽게 살다간 영혼들의 한이 서려 있다. 그리고 남아 있는 원생들은 오늘도 그곳에서 묵묵히 살아가고 있다. 멀지 않은 날 다시 한번 찾아와서 조금이라도 봉사하자고 다짐하면서 우리 부부는 무거운 발길을 돌렸다.

소록도를 떠나오면서 그동안 건강한 가족들과 함께 살 수 있다는 것이 얼마나 큰 축복인지 깨달았다. 그리고 지금도 병마에 고통 받고 있는 그곳 원생들이 하루 빨리 치유되기를 바라면서 간절히 기도했다.

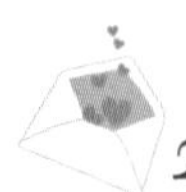

행복편지 · 13

실행력은 우리의 경쟁력

저녁을 먹으면서 아내는 어제 저녁 TV에서 보았던 '생로병사의 비밀'에 대해 이야기했다. 말기 암을 기적처럼 극복해낸 의사들의 경험담이었다.

아내는 건강을 지키기 위해서는 평소 영양분을 골고루 섭취해야만 면역력이 높아진다고 했다. 신선한 채소와 과일도 중요하지만 육류도 먹어 주어야만 한다는 것이다. 평소 육류를 거의 먹지 않는 우리 부부도 앞으로는 단백질이 많은 닭고기나 살코기 같은 지방이 많지 않은 육류를 먹자고 했다.

요즘 아내는 일주일이 넘게 목감기에 시달리고 있다. 혹시 영양이 부실해서 그런 것은 아닌지 걱정되어 이참에 닭백숙을 해먹자고 했다. "그럼 저녁에 닭을 사와서 내일 점심은 백숙으로 먹읍시다"라며 아내는 좋아했다.

우리 부부는 서둘러 저녁을 먹은 후 닭을 사러 갔다. 이것저것 메모해 온 것을 모두 사서 나오는데 입구에 핸드폰 대리점이 있었다. 며칠 전 아들이 번호를 이동시킨 후 가입비만 내고 공짜로 받았다며 근사한 핸드폰을 보여 주었다. 그때 '괜찮은 게 있으면 아빠 엄마도 함께 해 주지?'라는 생각이 들었다. 그래서 번호 이동할 때의 조건과 어떤 전화기를 공짜로 주는지 한번 물어나 보자면서 들어갔다.

인상이 밝은 젊은 직원이 친절하게 맞아 주었다. 가입비 없이 공짜로 아들과 똑같은 전화기를 무료로 준다는 것이다. 우리 부부는 자세히 설명을 듣고는 그 자리에서 신청했다. 불과 얼마 지나지 않아 새 전화기를 개통하면서 기존 전화기에 저장된 번호까지 모두 이동시켜 주었다. 아내는 얼마나 좋은지 아들에게 전화해서 가입비도 없이 똑같은 전화기로 번호이동을 했다며 자랑했다. 아들 역시 아빠 엄마가 참 잘했다면서 칭찬한 모양이었다.

우리 부부는 차를 타고 오면서 "역시 우리는 실행력 하나는 정말 빠르다!"며 크게 웃었다. 우리는 마음먹으면 머뭇거림 없이 바로 결정하고 행동에 옮겼다. 그 덕분에 여기까지 올 수 있었다. 새 핸드폰을 꺼내 이러 저리 들여다보면서 우리는 한바탕 신나게 웃었다.

아마 빠른 실행력이 우리 부부의 큰 장점이겠지? 구슬이 서 말이라도 꿰어야 보배니까. 생각만 하다 기회를 놓치는 것보다야 백배 더 낫다.

행복편지 · 14

넌 아니? 어미 마음을

어제 아들이 휴가차 집을 찾았다. 얼마 만인가? 이번에는 여러 끼를 먹고 가려는 모양이었다.

"엄마, 오늘 저녁 메뉴가 뭐예요? 세상에서 제일 맛있는 엄마가 만든 칼국수가 먹고 싶은데요."

전화를 받자마자 통밀가루로 반죽해서 숙성시켜 놓고 멸치로 육수를 만들었다. 큰아들이 도착할 무렵 홍두깨로 반죽을 밀어서 썬 칼국수에다 버섯, 호박, 감자와 야채를 듬뿍 넣고 맛있게 끓여서 저녁을 차렸다.

"세상에서 엄마가 만든 칼국수가 제일 맛있어요"라며 아들이 엄지손가락을 치켜세웠다.

난 아들이 집에 올 때가 되면 머릿속으로 메뉴를 짠다. 그리고는 정성과 사랑을 듬뿍 넣어 신나게 요리를 한다. 그래서 어제부터는 더위도 잊은 채 참으로 즐겁게 요리했다. 잡채, 냉면, 월남쌈, 북어부침, 추어탕 등 맛있게 먹는 남편과 아들을 보니 얼마나 흐뭇했는지 모른다.

아마 자식을 둔 어미 마음은 나와 똑같을 것이다. 언제든지 자식들이 밥을 먹고 싶다면 어미는 자다가도 벌떡 일어나 정성껏 준비한다.

아들은 오늘 저녁에 추어탕을 마지막으로 먹고 집을 나섰다. "아들아! 언제 또 와서 열심히 먹고 가니?"라고 물으니 "아마 내년 휴가쯤일 걸요"라며 인심을 썼다.

자주 오면 좋으련만 시간이 잘 허락되지 않는 모양이다. 더구나 이제 사랑하는 사람이 생겨 외로울 틈이 없으니 어미 생각은 뒷전으로 밀려난 것 같다. 하지만 아들이 사랑을 아름답게 잘 만들어 갔으면 한다.

남편과 나는 정류장까지 가서 버스를 타고 떠나는 아들에게 손을 흔들어 주었다. 짧은 시간이었지만 어제부터 아들 덕분에 얼마나 행복했는지 모른다.

아들을 배웅하고 나서 우리 부부는 동네 공원의 벤치에 앉아서 산에 지는 노을을 바라보며 두 아들 이야기로 시간 가는 줄 몰랐다. 누가 '무자식이 상팔자'라고 했던가? 지금 우리 부부에게 두 아들은 생각만 해도 즐거운 행복 주머니다.

사랑하는 아들아!

어미는 말이다. 네가 좋으면 어미도 좋고, 네가 행복하면 어미도 행복하단다. 또, 네가 속상하면 어미는 몇 배로 더 속이 상한단다. 무엇보다 네가 건강하게 잘 커주고 열심히 잘 살아줘서 어미는 얼마나 고마운지 모른다. 더구나 네가 어미의 아들이라서 너무나 행복하구나.

그런데 내년에는 인심을 좀더 써서 어미 곁에 좀더 오래 머물다 갔으면 좋겠구나.

아들아, 넌 아니? 이 어미 마음을….

행복편지 · 15

행복을 선물하는 '함께' 또 '따로'

며칠 전 동네 공원에서 운동하다가 예전부터 알고 지내는 한 아주머니를 만났다. 그분은 남편과 함께 걸었고, 우리 부부는 따로 떨어져 걸었다. 혼자 왔느냐고 묻기에 아내도 와서 걷고 있다고 하였더니, 함께 걷지 왜 따로따로 걷느냐고 했다. 얼떨결에 "아~아, 네~에"라는 말만 하고 지나갔다.

그 아주머니는 혼자서 열심히 걷고 있는 아내를 보자마자, "웬만하면 남편과 떨어져서 걷지 말고 함께 걸어요"라고 했다. 아내는 "걷는 속도도 다르고, 각자 생각할 일도 있어서 따로 걷는 게 좋아요"라고 했단다. 그렇게 말했는데도 그 아주머니는 마주칠 때마다 따로따로 걷는 우리 부부가 마치 싸움이라도 한 것으로 생각되는지 고개를 갸우뚱거리며 쳐다보았다.

우리 부부는 몇 년 전부터 가능하면 매일 함께 운동하기 위해 집을 나선다. 공원에서 최대한 빠르게 한 시간을 걸은 후 다양한 스트레칭으로 마무리 운동을 한다. 처음에는 집을 나설 때부터 돌

아올 때까지 내내 함께했다. 그러나 걷는 속도가 서로 다른데도 함께 걸으려니 운동이 제대로 되지 않고 서로에게 마음만 쓰였다. 또 걸으면서 무언가 생각 중일 때 상대방이 말을 걸면 방해도 되었다. 그래서 우리는 의논을 했다. 공원에 와서 한 바퀴 동안(10분)은 몸 풀기 하는 의미에서 함께 걷고, 그 후부터 따로따로 걷기로. 다만 다 걸은 후 스트레칭은 함께 하기로 했다. 그렇게 했더니 얼마나 좋은지 모른다.

각자 자기 속도로 걸으니 운동도 잘 되었고, 또 상대방에게 방해를 받지 않고 생각에 몰입할 수 있어서 참 좋았다. 또한 걷다가 서로 마주칠 때는 활짝 웃으면서 손을 부딪치니 활력이 더 생기는 것 같았다. 그렇게 따로 떨어져 열심히 걸은 후 만나서 마무리 운동을 하니 함께 걸었을 때보다 훨씬 더 반가운 마음이 들었다. 우리는 부부가 좀더 친밀하고 행복해지기 위해서 어떻게 해야 하는지를 그때 운동을 통해서 깨달았다.

부부가 함께 있으면서 대화하는 것도 중요하지만 때로는 떨어져 독립된 각자의 공간에서 자신만의 시간을 가질 수 있어야 훨씬 더 친밀해지고 성숙한 부부관계를 만들 수 있다는 것을 알았다.

누구든지 다른 사람의 간섭을 받지 않는 자신만의 공간과 시간이 필요한 것처럼 배우자에게도 혼자만을 위한 적절한 공간과 시간이 필요하다. 그래서 부부란 늘 함께 있다고 해서 좋은 것만은 아니다. 서로에게 '따로'도 '함께' 못지않게 필요한 것이다. 이처럼 '함께'와 '따로'는 부부 사이를 더욱 친밀하게 만드는 지혜임에 틀림없다.

행복편지 · 16

일요일의 즐거움

우리 부부가 일요일마다 기다리는 게 있다. 다름 아닌 9시 미사 후 성당에서 파는 떡이다. 그 떡은 흰쌀가루에다 콩, 밤, 대추, 은행 등 여러 가지가 들어 있어서 얼마나 맛있는지 모른다. 아침식사로 떡을 먹으면서도 일요일마다 난 이 떡을 기다린다. 한 봉지에 2,000원인 이 떡을 사고 나면 집에 도착할 때까지 행복하다.

집에 들어서기 바쁘게 따뜻한 떡과 커피를 마시며 아내와 얘기를 나눈다. 성당에서 느꼈던 이야기에서부터 떨어져 사는 두 아들, 부모님, 동네 사람들 이야기까지 모두 등장한다. 어느새 30분도 지나고, 한 시간도 훌쩍 넘어간다. 이 시간이 우리 부부에게 얼마나 행복한지 모른다.

오늘 아침엔 날씨가 제법 쌀쌀했다. 하지만 우리 집은 햇살이 집안 가득하게 들어와 있어서 참 따뜻했다. 햇살이 잘 들어오는 창가의 탁자에 앉아 따끈한 떡과 커피를 마셨다. 문득 이보다 더 행복할 수 없겠다는 생각이 들어 아내 손을 살포시 잡아보니 보드

랍고 따뜻했다. 사랑스러워서 손등을 톡톡 치니 아프지 않을 텐데도 아프다고 엄살을 부렸다. 오늘따라 아내가 더 예뻐 보였다. 우리 부부는 어린애마냥 서로 쳐다보며 깔깔 웃었다.

어느새 시간은 40분이 훌쩍 지났다. 해야 할 일이 있는데도 일어나기 싫어 미적미적거리다가 또 한바탕 웃고 나서는 벌떡 일어났다. 나는 방으로 들어오고 아내는 부엌으로 갔다. 우리 부부는 소꿉장난하는 아이처럼 놀 때가 가장 행복했다.

비록 작은 떡 한 개지만 나는 이 떡이 얼마나 고마운지 모른다. 그 떡이 우리 부부에게 일요일을 기다리게 하고, 성당에 다녀오는 즐거움을 더해 준다.

우리 부부는 일요일에 떡을 먹고 난 후 햇볕을 받으며 하는 일이 또 하나 있다. 몇 년 전부터 체스와 오목놀이를 한다. 올 여름부터는 공기놀이도 추가했다. 이 세 가지는 모두 승패의 게임이지만 그날 기분에 따라 져주기도 한다.

아내는 오목게임을 해서 나한테 이길 때 너무너무 좋아하는 것 같다. 그래서 아내가 울적할 때나 기분이 좋지 않을 때는 오목놀이를 하자고 한다. 그때 나는 무조건 져준다. 그러면 아내의 기분은 금방 반전된다. 우리 부부는 늙어서 힘이 없을 때까지 그런 놀이를 하며 놀기로 했다.

나이 들어가면서 일요일마다 성당에 다녀와서 따뜻한 백설기를 먹으며 수다를 떨다가 체스, 오목, 공기놀이를 하며 아름다운 추억을 만들 수 있어서 참 좋다.

행복편지 · 17

남편의 특별한 외출

오늘은 친구와 모임이 있어서 이른 아침에 집을 나섰다가 해질 무렵에 돌아왔다. 점심으로 호박죽을 준비해 놓았더니 남편은 잘 찾아 먹은 것 같았다.

그런데 집에 도착하니 남편은 들뜬 기분으로 콧노래를 부르며 외출준비를 하고 있었다. 회색 티셔츠, 회색 바지, 진한 감색 콤비에 목도리, 코트까지 정신이 없었고 오늘따라 향수에 더더욱 신경을 쓰고 있었다.

멋지게 차려 입은 남편을 보니 새로운 느낌으로 다가왔다. 도대체 누굴 만나러 가는 걸까? 남편의 스케줄은 내 손안에 다 있는데….

"여보, 누굴 만나러 가나요?"

"애인 만나러 가요. 오늘 저녁은 기다리지 말아요."

"네, 알았어요. 자~알 해봐요, 흥!"

그런데 남편은 끝까지 속이질 못하고, "여보, 나 오늘 큰아들과

데이트하러 가는 길이라서 신경을 좀 썼어요"라고 했다.

만나는 장소가 큰아들 사무실 부근이라 아마 신경이 쓰였던 모양이다. 남편은 가끔 아들과 데이트를 한다. 그날은 더 단정하고 멋있게 차려 입고 나갔다. 아버지로 인해 아들 체면이 손상될까 봐서였다. 이럴 때 남편이 얼마나 고마운지 모른다.

오늘은 큰아들이 직장에 다닌 지 만 2년이 되는 날이다. 그래서 큰아들과의 추억을 만들려고 하는 것 같았다. 명동에 있는 롯데백화점 12층에서 저녁을 먹었는데, 아주 행복했다고 너스레를 떠는 남편이 정말 부러웠다. 난 부모님과의 추억이 별로 없기 때문에 그런지 아들이 얼마나 부러웠는지 모른다. 아마 큰아들이 타고난 복이겠지….

11시쯤 큰아들에게서 전화가 왔다.

"아빠가 오늘 맛있는 저녁 사주셔서 고마웠어요!"

돈도 별로 없는 남편이 저녁을 샀던 모양이다.

남편과 큰아들은 서로 무릎을 베고 이야기할 만큼 사이가 좋은 편이다.

오늘 부자간의 행복한 모습을 보니 아내로서, 엄마로서 이보다 더 행복할 수는 없다. 우리 아들은 참 좋겠다. 이렇게 좋은 아버지가 있어서….

부 록

요요현상 없는 다이어트

결국 다이어트는 나 자신과의 전쟁이다.
모든 것은 마음먹기 나름이다.
그리고 잊지 말아야 할 것은 식이요법은 기본이고
운동은 필수라는 걸!

행·복·다·이·어·트

다이어트를 돌아보며

다이어트 동기

2005년 초 종합검진에서 지방간 진단을 받았다. 그전 몇 년간도 지방간 진단을 받았지만 별로 귀담아 듣지 않았다. 그런데 그해 6월, 의사는 지방간 수치가 높아 비만으로 인한 대사증후군의 염려가 있으니 일단 몸무게부터 줄이라고 경고했다. 순간 정신이 번쩍 들었다.

당시 몸은 여러 곳이 아프다 보니 걸어 다니는 종합병원이었다. 비만으로 생긴 지방간 때문에 하는 일 없이 피곤하고 의욕도 자꾸 떨어졌다. 무릎 통증으로 한 달째 물리치료를 받고 있었으며, 어깨, 다리, 목, 등이 저리고 심하게 결렸다. 또한 평소 맵고 짠 음식을 좋아하다 보니 위도 자주 아팠다. 더구나 체력 부족에다 면역력까지 떨어져서 20여 년째 알레르기로 고통받고 있었다.

비만으로 오는 스트레스는 생각보다 심각했다. 먼저 외모에 대한 열등감 때문에 자신감이 없어 다른 사람들을 만나는 것이 즐겁지 않았고, 남편에게도 미안한 생각이 들었다. 그래서 다이어트에 반드시 성공하여 지방간을 없애고 건강한 몸으로 남편과 행복하게 살고 싶었다.

그런데 보통 다이어트를 하게 되면 조급한 나머지 단기간에 많은 성과를 거두려고 한다. 하지만 오히려 마음과 몸의 건강을 해치고 결국은 포기하게 된다. 그보다는 건강하게 살겠다는 마음으로 평생 실천할 수 있고 자신에게 맞는 식이요법과 운동을 하는 것이 바람직하다. 왜냐하면 몸과 마음이 함께 잘 적응해야 하기 때문이다. 그래서 나는 2005년 70kg의 몸으로 다이어트를 시작하면서 평생 실천할 수 있도록 나만의 식이요법과 운동을 함께 시작했다.

다이어트로 얻은 성과

첫째, 14kg 감량으로 당당함과 자신감을 회복했다.
둘째, 허리와 무릎 통증이 완쾌되어 지금까지 병원에 한 번도 가지 않았다.
셋째, 대사증후군 증상과 지방간이 없어졌다.
넷째, 요요현상 없이 지금까지(5년간) 체중을 56kg대로 유지하고 있다.
다섯째, 20여 년 동안 앓았던 알레르기가 거의 없어졌다.

행복다이어트 · 02

과거에 실패한 다이어트 방법

실패한 다이어트 방법

첫째 : 수영
둘째 : 보조기구로 살 빼기
셋째 : 미역 다이어트
넷째 : 매일 7km 걷기

왜 실패했는가?

첫째, 수영을 왕복 30회씩 강도 높게 열심히 했지만 마친 후 함께 수영한 사람들과 점심은 물론 커피까지 마신 뒤 헤어졌다. 그리고 아이들이 점심을 먹다 남기면 아까운 생각에 그 음식을 모두 먹었다. 뿐만 아니라 아이들이 간식을 먹을 때 또다시 함께 먹었다. '수영도 열심히 하는데…'를 위안 삼아 '설마 괜찮겠지'라는 생각으로 기회가 될 때마다 먹었다. 결국 설마가 사람을 잡았다. 결론은 수영을 강도 높게 많은 양을 했지만 식이요법을 병행하지 않은 것이 다이어트의 실패 원인이었다.

둘째, 보조기구를 이용한 다이어트 역시 공휴일을 제외한 날은 하루도 빠지지 않고 열심히 했다. 가만히 누워 있으면 기구가 알아서 운동시켜 주기 때문에 얼마나 편안한 방법인지 모른다. 이때는 돈이 모든 것을 다 해결해 주는 것 같았다. 오로지 살을 빼겠다는 일념으로 열심히 다녔으나 실패하고 말았다.

내 스스로 운동을 하지 않고 기구에 의존하는 방법이었기 때문에 칼로리 소모가 적었으며, 역시 기구만 믿고 식이요법을 병행하지 않은 것이 실패 원인이었다.

셋째, 미역을 좋아해서 몇 달을 해도 싫증나지 않을 것 같았지만 '원 푸드 다이어트'라 열흘이 지나면서 현기증과 어지럼증에 시달려 결국 실패했다.

그때 깨달은 것은 다이어트에 아무리 좋은 식이요법이라도 모두 내게 맞지 않는다는 것이었다.

넷째, 빠짐없이 매일 걷기도 하고, 10km 마라톤도 완주했지만 몸무게를 줄이지는 못했다. 그 이유는 또 식이요법을 병행하지 않았기 때문이었다.

그럭저럭 1998년 1월에 20kg이 늘어난 몸무게(70kg)가 2005년 7월 20일까지 지속되었다. 거듭된 실패를 겪으면서 다이어트의 기본은 역시 식이요법이라는 결론을 얻게 되었다.

행복다이어트 · 03

다이어트 성공 노하우

❣ 나만의 다이어트 성공 노하우

운동과 식이요법을 병행하여 큰 효과를 거두었던 다이어트 방법에 대해서 구체적으로 말씀드리겠다.

▌운동

운동을 시작하기 전에 간단한 준비운동과 마친 후에는 꼭 마무리 운동을 함으로써 부상을 예방할 수 있다. 그리고 가능하면 아침식사 전에 운동하는 것이 좋다.

첫 주부터 무리해서 많이 걷게 되면 몸에 무리가 와서 중간에 포기하게 되므로 아래와 같이 5주 동안 매주 조금씩 늘려가면서 몸에 적응시키는 것이 좋다.

· 1주차 : 30분 천천히 걷기
· 2주차 : 50분 천천히 걷기

· 3주차 : 50분 약간 빠르게 걷기
· 4주차 : 1시간 빠르게 걷기
· 5주차 : 이때부터는 1시간 파워워킹을 한다.

그런데 11월이 되면 아침에 기온이 낮고 캄캄해서 운동하기가 힘이 든다. 그래서 기온이 올라가는 오후에 운동했다. 추운 겨울이라도 실내의 러닝머신보다 밖에서 걷는 습관을 들이는 것이 좋다. 그 이유는 공기 마찰과 체온유지 때문에 칼로리가 더 많이 소모되기 때문이다.

그런데 추운 날에는 반드시 마스크 착용과 머리를 보호하는 털모자를 쓰고 운동해야 한다. 걷기 운동은 가능하면 26주간은 빠지지 않고 열심히 해야 한다.

나는 6개월 동안 명절을 포함하여 6일 정도 빠졌는데 결국 운동은 본인의 끈기와 의지력에 좌우된다. 다이어트의 성공을 위해서 운동은 필수이고 식이요법은 기본이다.

다이어트 운동의 핵심인 파워워킹은 최근 다이어트하는 사람들에게 가장 주목받고 있는 유산소 운동이다.

이는 시속 6~8km의 속도로 힘차게 걷는 운동으로, 보통 걷는 속도보다 1.5배 정도 빠르다. 시간당 열량 소모량이 수영이나 달리기보다는 떨어지지만 체지방 분해효과는 파워워킹이 훨씬 더 높다. 보통 운동할 때 체지방이 연소되는 시점은 시작 후 30분이 지나서부터다. 파워워킹은 쉽게 지치지 않고 오랜 시간 동안 할 수 있는 운동으로서 체지방을 태우는 데 있어 가장 효과적이라고 할 수 있다.

구체적인 요령은 등을 곧게 펴고 팔꿈치를 약간 굽혀서 손끝이 눈높이까지 올라오도록 힘차게 흔들면서 빠르게 걷는다. 이때 발뒤꿈치, 발바닥, 엄지발가락 순으로 체중의 중심을 이동해야 하며 마지막에는 발가락 끝으로 땅을 차고 앞으로 전진한다. 보폭은 평소보다 좀 더 넓게 하며 보통 자신의 키에서 100을 뺀 정도가 적절하다.

숨쉬기는 자연스럽게 하되, 얕게 내뱉는 것보다는 깊게 들이마신 후 내뱉는 것이 효과적이다. 무엇보다 최소한 30분 이상 지속하는 것이 중요하며, 굽이 높거나 딱딱한 신발은 발 건강에 좋지 않으므로 가벼운 운동화나 워킹화를 신는 것이 좋다.

그리고 가끔 허리를 삐끗하여 몸을 움직이지 못할 때가 있다. 그럴 때는 아침저녁으로 한 시간씩 이삼 일 정도 천천히 걸으면 말끔하게 낫는다. 의사에게 물어보니 바르게 걸으면 허리통증은 저절로 낫는다고 한다.

나는 허리가 아프면 약을 먹지 않고 무조건 걸으러 나간다. 부득이하게 밖에서 걸을 수 없을 때는 집안에서라도 한 시간 동안 걷는다.

❣ 식이 요법(아침과 저녁이 가장 중요)

먼저 인터넷을 검색하여 저혈당 음식이면서 섬유소가 많고 칼로리가 낮은 음식을 찾았다. 이렇게 찾은 음식들을 위주로 다음의 식단을 마련했다.

무엇보다 끼니를 굶지 않고 하루에 3끼를 전부 먹는 것을 원칙으로 삼았다. 많은 시행착오를 겪으면서 2개월 만에 나의 맞춤형 식단을 만들 수 있었다.

· 아침 : 키위 1개와 생청국장 1/3공기, 사과 1/2개 또는 토마토 1개,

· 저녁 : 삶은 달걀 1개, 요구르트(120ml) 1개, 양배추(150g) 또는 브로콜리(200g), 배가 고플 때는 고구마(150g)나 야콘을 추가.

· 점심 : 우선 먹고 싶은 음식과 양을 충분히 먹는다는 생각을 가졌다. 왜냐하면 아침과 저녁에 먹는 것을 절제하느라 받는 스트레스를 점심에 풀자는 생각으로 가능하면 먹고 싶은 것을 충분하게 먹는 점심시간이 얼마나 즐거운지 모른다.
하지만 식사하기 30분 전에 물 300ml를 꼭 마신다.
기본적으로 외식이나 인스턴트를 제외하고 영양분을 골고루 섭취하려고 한다. 가능하면 잡곡밥(쌀, 현미찹쌀, 보리쌀, 검은콩, 팥) 1/2공기, 마른 멸치(중간 크기) 15~20마리, 마늘 4쪽(식초와 간장에 담근 것), 풋고추 2개, 김, 신선한 야채 등은 매끼마다 먹는다.
이때 칼슘의 왕인 마른 멸치와 비타민 C가 많은 풋고추는 고추장에 찍어서, 김은 기름에 굽지 않은 생김을 그냥 불에 살짝 구워서 먹는다(기름에 굽거나 제조된 김은 칼로리가 높으므로).
콩나물, 시금치, 우엉, 연근, 묵, 미역, 다시마 등을 자주 먹

고, 된장찌개, 김치찌개, 된장국, 육개장 등은 먹고 싶을 때마다 먹는다. 또, 고등어와 같은 등 푸른 생선은 1주일에 2번 이상, 살코기(돼지고기 닭고기)는 1주일에 한 번은 꼭 먹는다. 특히 칼국수를 아주 좋아하여 우리 밀(통밀가루)로 직접 만들어서 자주 먹었다.

청국장은 요구르트 발효기로 7일마다 직접 만들어서 냉장고에 보관한다. 집에서 만들기 번거로울 때는 시중에 판매하는 생청국장으로도 충분하다. 이렇게 매일 청국장과 콩을 재료로 한 음식을 먹은 덕분인지 갱년기 증상이 없어졌다.

먹는 음식들 중 달걀은 알칼리성 식품으로 가장 완벽한 영양공급원이다. 그 중 흰자는 단백질 덩어리다.

시중에서 파는 요구르트는 당분이 많이 들어가 있어 칼로리가 높기 때문에 요구르트 발효기로 직접 만든다. 그리고 양배추는 얇게 채 썰어 찬물에 행군 뒤 소쿠리에 받쳐 물을 뺀 후 3~4일간 냉장고에 보관해도 된다. 먹는 방법은 양배추 150g 위에 요구르트를 소스로 얹어 먹는다.

이때 요구르트 먹기가 불편하면 약간의 올리고당을 섞으면 아주 근사한 요구르트소스가 된다. 가능하면 그냥 먹는 것이 다이어트에 도움이 된다.

마지막으로 브로콜리는 끓는 물에 살짝 데친 후 소쿠리에서 물기를 뺀다. 먹을 때는 역시 요구르트소스와 함께 먹는다. 그래도 요구르트가 거북하거나 질리면 초고추장에 찍어 먹는다.

간식은 별로 먹고 싶지 않다. 왜냐하면 배고플 시간이 없다. 그 이유는 물을 하루에 2*l* 이상 마셨기 때문이다. 외출할 때에도 물은 항상 가지고 다니면서 마시고, 아침에 일어나자마자 제일 먼저 생수 300ml를 천천히 마시고 나서 하루를 시작한다.

물을 많이 마시는 것은 체지방을 분해하는 데 물이 큰 역할을 하기 때문이다. 특히 물은 피부를 건조하지 않게 한다. 오랜만에 만난 사람들이 나에게 다이어트 전보다 지금의 피부가 훨씬 더 촉촉하고 건강하게 보인다고 한다.

그래도 간식이 먹고 싶다면 가끔 오이, 토마토 등 약간의 과일을 먹는다. 그러나 과일에는 당분이 많이 들어 있어 칼로리가 높기 때문에 주의해야 한다.

그리고 견과류(호두, 땅콩, 잣 등)를 조금씩 먹는데, 이는 동맥경화와 고혈압의 예방과 치료에 좋다. 또한 호두는 무기질과 비타민B1이 풍부해 노화를 막고 피부를 윤기 나게 하기 때문에 다이어트 후에 피부가 안 좋아지는 것을 예방한다.

그리고 저지방 우유나 두유 중 하나를 선택하여 하루에 한 잔(200ml)을 꼭 마신다. 그 대신 하루에 8잔씩 마시던 커피와 밤에 즐기던 간식은 다이어트 시작하는 날부터 끊었다.

❣ 다이어트를 성공할 수밖에 없었던 이유

첫째, 목표와 목적이 분명했다.

체중 감량 목표는 10kg이었고, 목적은 지방간 완치, 대사증후군 예방, 건강한 몸을 만들어 남편과 행복하게 살고 싶었으며 무엇보

다 열등감에서 벗어나 자신감을 가지고 제2의 인생을 시작하고 싶었다.

그렇기 때문에 다이어트하는 내내 아침에 일어나자마자 거울을 보고, 운동하고 와서도 거울을 보고, 수시로 거울을 보면서 이미 목표가 달성된 내 모습을 상상하면서 스스로에게 '나는 이미 10kg을 줄였다'라고 말하여 끊임없이 동기를 부여했다. 반면 '혹시나 안 되면 어떻게 하나'라는 불안이나 걱정은 조금도 하지 않았다.

지금까지 실패했던 대부분의 다이어트 방법들과 가장 큰 차이점은 분명한 목표와 목적이 있었기 때문이다.

둘째, 적극적인 남편의 지원을 받았다.

운동이 힘들거나 하기 싫을 때, 고칼로리 음식이나 외식하고 싶은 욕구가 일어날 때마다 남편은 끊임없이 칭찬과 격려를 하였다. 무엇보다 항상 '당신은 할 수 있다!'며 용기와 자신감을 심어 주었으며, 운동과 식이요법에 동참해 주었다. 결국 남편의 열렬한 성원과 격려 덕분에 다이어트에 대한 의지력이 생겼다.

지금도 식이요법과 운동을 남편과 함께 열심히 하고 있다.

셋째, 끊임없이 정보를 수집하였다.

인터넷을 활용한 정보수집으로 나에게 맞는, 즉 맞춤형 다이어트를 할 수 있었다. 또한 TV프로 중 다이어트와 건강을 위한 프로그램은 놓치지 않고 보면서 기록하여 즉시 활용하였다.

무엇보다 위의 세 가지 성공 이유와 함께 건강에 좋지 않은 음식은 가능한 한 삼갔다. 음식을 먹을 때마다 좋은 일을 상상하면서 웃으며 신나고 즐겁게 먹었다. 그리고 점심을 풍요롭게 먹을 수 있어서 다이어트로 인해 먹는 것에 대한 스트레스를 받지 않았다.

그리고 빵이나 피자 등 먹고 싶은 음식이 있을 때에는 간식이 아닌 주식으로 대체해서 먹었으며, 이때도 미리 한 시간 전에 오이 1개를 먹거나 물 500ml를 마셔서 많은 양은 못 먹지만 그 고유의 맛을 느끼며 포만감이 들게 먹을 수 있었다.

하루는 자장면이 먹고 싶어 중국집에 가서 사먹었다. 너무 맛있고 배부르게 먹었는데 한 그릇을 다 먹지 못했다. 왜냐하면 한 시간 전에 물(500ml)을 마셨기 때문이다.

지금도 먹고 싶은 음식이 있으면 고통스럽게 참지 않는다. 다만 절대적인 양을 줄여 칼로리를 계산하면서 먹는다. 명절이나 모임도 마찬가지다.

대인관계를 위해서 먹는 것도 함께해야 하기 때문에 몸무게가 약간 늘어날 때도 있지만 철저하게 일주일 안에 원상복구를 시킨다. 역시 끊임없는 식이요법과 운동 덕분이다. 그리고 운동할 때도 나의 살 빠진 날씬한 몸매를 상상하면서 신나게 걷는다.

운동은 다이어트하는 동안 하루도 빠짐없이 해야 한다. 한 번만 게으름을 부리면 나 자신과의 약속이 깨져서 다시 시작하는 것이 무척 힘들다. 결국 의지력이 다이어트에 있어서 매우 중요하다.

그런데 다이어트 시작한 지 한 달 반 동안 저울이 꼼짝하지 않는 정체기가 있다. 그러나 상관하지 않고 운동과 식이요법을 꾸준히 해야 한다. 두 달이 지나면서 결국 3kg에 달하는 몸무게가 감소했다. 쉬지 않고 꾸준히 한 결과였다.

그래서 2005년 7월 20일에 다이어트를 시작해서 만 1년이 되는 2006년 7월 20일에 드디어 목표치인 10kg을 초과하여 무려 14kg을 감량하는 데 성공했다.

나의 경험을 통하여 얻은 결론은 다이어트의 기본은 식습관이며, 필수는 운동이다.

행복다이어트 · 04

다이어트 성공 음식

물

물을 마시면 살이 빠지는 이유는 신진대사가 활발해지기 때문이다. 살아가기 위해 필요한 물질을 체내에 받아들이고 할 일이 끝난 노폐물을 몸 밖으로 내보내어 몸 안의 활동을 활발하게 하는 것이 바로 물이다.

물을 마실 때는 청량음료는 물론이고, 국이나 수프 등 칼로리가 있는 것은 피하고 수분 공급의 대부분을 칼로리가 전혀 없는 물로 대신하는 것이 중요하다.

칼로리가 없는 물 중에서도 칼슘, 마그네슘 등이 들어 있는 미네랄워터가 적합한데, 미네랄워터는 체내의 수분 밸런스를 조절하고 불필요한 노폐물이나 수분은 몸 밖으로 배출하기 때문이다. 이로 인해 몸속의 신진대사를 활발하게 해주며 이런 작용이 다이어트의 효과를 높여 준다.

다이어트를 위해서는 물 섭취량이 중요하다. 몸에 필요한 기본

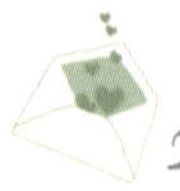

적인 수분은 하루 1.5l이다. 이것은 건강 유지를 위해 꼭 필요한 양이다. 신진대사를 활발하게 하여 다이어트를 하고 싶다면 2l가 기본이다. 이때 주의할 점은 갑자기 많은 물을 한꺼번에 마시면 설사를 하게 되거나 몸에 부담이 가기 때문에 몸의 상태를 보면서 조금씩 양을 늘려야 한다.

그리고 한 번에 많은 양의 물을 마시는 것이 아니라 조금씩 마시는 것이 좋다. 한 번에 많은 물을 벌컥벌컥 마셔 버리면 다시 소변으로 배출되기 때문에 조금씩 몇 회에 걸쳐 나누어 마시는 것이 효과적이다. 그래야 몸에 물이 흡수되기 쉽고, 몸 안에 늘 일정한 수분량이 존재하게 되는 것이다. 따라서 2~4시간 간격으로 물 한 컵을 마시는 습관을 들이는 것이 좋다.

❣ 청국장

청국장에 들어 있는 유익한 미생물과 효소, 핵산, 비타민의 효과를 얻기 위해서는 생으로 먹는 것이 좋다. 청국장 30g에는 수백억 마리의 미생물과 항산화물질, 항암물질, 면역증강 물질이 들어 있다. 따라서 어떤 약보다 효능이 우수한 식품이다. 그리고 중풍 예방과 치료, 인슐린 효과, 간 기능 개선으로 숙취 해소 등 청국장의 효능은 이루 헤아릴 수 없이 많지만 독특한 냄새와 익혀 먹어야 한다는 번거로움 때문에 일반인들로부터 그다지 큰 호응은 얻지 못했다.

그런데 집에서 직접 만든 청국장은 효과가 클 뿐 아니라 비위를 상하게 하는 냄새가 적어 생으로도 충분히 맛있게 먹을 수 있다.

냄새 때문에 도저히 생청국장을 먹을 수 없다면, 청국장찌개를 끓여서 먹으면 된다. 이때는 모든 재료(멸치를 우려낸 물, 약간의 신 김치, 파, 고추, 양파, 두부, 버섯 등)를 먼저 넣어 끓인 후 마지막에 생청국장을 넣고 3분 정도 끓여낸다. 그렇게 해야 청국장에 들어 있는 효소가 파괴되는 것을 막을 수 있다.

청국장에는 항암, 뇌졸중 예방, 변비 해소 등 무려 14가지 효능을 갖고 있으며 섬유질이 풍부하게 들어 있어 변비에 탁월한 효과가 있다. 정장효과가 뛰어나 설사를 방지하고 변비를 개선한다. 게다가 피부도 고와진다. 또한 청국장에는 비타민과 미네랄이 많이 들어 있어 신진대사를 촉진하므로 비만을 막는다. 그리고 혈전 용해 효과가 뛰어나 뇌졸중(중풍)을 예방하며 항암물질도 다량으로 들어 있어서 치매를 막아주는 식품이다. 또한 인슐린 분비를 촉진시켜 당뇨병을 다스린다. 특히 식물성 단백질이기 때문에 혈압을 강하시켜 주고 혈압상승도 억제한다. 간 기능을 개선하며 골다공증을 예방하는 식물성 에스트로겐이 함유되어 있다.

❣ 호박

호박은 성인병 예방치료 음식으로 인기가 높다. 그리고 호박을 먹으면 흡연으로 인한 폐암 예방과 중풍 예방에도 효과가 있다. 또한 비만증인 사람의 다이어트, 당뇨와 산후의 부기를 빼는 데도 늙은 호박을 따를 만한 식품이 없으며, 이는 몸 안의 수분이나 노폐물을 잘 빼주는 성질을 갖고 있기 때문이다.

호박은 불면증에도 효과가 있고 호박의 펙틴 성분은 식물성 섬

유소로 이뇨작용을 돕고 담석증 예방에도 좋다. 이 밖에도 늙은 호박은 성인병이나 변비, 설사, 기침이나 감기, 냉증, 피부보호, 야맹증에도 도움이 된다.

호박의 주성분은 당질이고 각종 비타민, 칼슘, 철분, 인 등의 무기질이 균형 있게 들어 있다. 특히, 겨울철에 부족하기 쉬운 비타민을 보충해 주어 감기에 대한 저항력을 길러주는 효과가 있다.

❣ 양배추

양배추는 100g당 수분 94.3%, 단백질 1.5g, 지방 0.6g, 당질 4.4g, 섬유질 0.7g, 칼슘 18mg, 인 31mg, 철분 0.7mg, 비타민 A 43iu, 비타민 C 2mg 등으로 구성되어 있다. 그밖에 비타민 B1, B2가 들어 있고, 위궤양에 좋은 효능을 나타내는 비타민 U가 들어 있으며, 또한 칼슘이 많은 알칼리성 식품인데 칼슘의 형태가 우유에 못지않게 잘 흡수되는 모양으로 되어 있다. 양배추 200g이면 하루에 필요한 비타민 C의 섭취가 가능한 셈이다.

양배추는 괴혈병, 눈병, 통풍, 류머티즘, 농루, 천식, 결핵, 암 등의 치료에 효과적이다. 그리고 양배추는 활력을 주는 매개체로서 혈액의 정화제로 괴혈병 치료에 뛰어나다. 현대 민간의학에서도 항궤양성 치료제로 양배추를 사용하고 있다.

구체적인 효능으로는 암, 특히 대장암의 위험성을 저하시키고 위궤양을 방지하고 치료한다. 그리고 면역체계를 자극하며 세균 바이러스를 죽이는 역할을 한다. 또한 성장을 촉진시키며 100g당 29kcal의 저열량식으로 다이어트에도 효과가 뛰어나다.

브로콜리

브로콜리의 효능에는 크게 다섯 가지가 있다.

첫째, 브로콜리는 비타민 U가 풍부한 위장병의 명약이라고 할 수 있다. 흔히 위장병에 좋은 식품으로 양배추를 말하는데, 이는 양배추 속의 비타민 U가 위장을 튼튼하게 해주어 만성위염, 위궤양 등을 예방하고 치료하는 효과가 탁월하기 때문이다.

하지만 브로콜리 속에는 양배추보다 훨씬 많은 비타민 U가 들어 있으며, 또한 위암과 위궤양을 일으키는 헬리코박터 파일로리균을 죽이는 설포라페인이라는 성분이 들어 있어 위궤양과 위암에 효과가 있다. 게다가 브로콜리 싹에는 브로콜리보다 설포라페인 성분이 20배나 더 많이 들어 있다.

둘째, 셀레늄 성분이 강력한 항암작용을 한다. 브로콜리 속에 풍부하게 들어 있는 셀레늄은 노화를 촉진하는 활성산소를 중화시키는 작용을 하고 항암작용이 탁월한 것으로 알려져 있다. 암 중에서도 주로 전립선암, 대장암, 폐암, 간암, 유방암, 췌장암 등에 효과가 크다고 할 수 있다. 특히 스트레스를 많이 받거나 환경오염 물질에 지속적으로 노출될 경우, 45세 이상부터는 셀레늄을 많이 섭취해야 한다. 그 밖에 셀레늄은 면역체계를 강화해 질병을 예방하고 어린이 성장발육을 촉진시키며, 고혈압과 심장병 등 각종 성인병 예방에도 효과적이다.

셋째, 비타민 A가 풍부하여 면역력을 키워 준다. 브로콜리 속에는 비타민 A가 풍부한데, 비타민 A는 피부나 점막의 저항력을 강화해 감기나 세균의 감염을 예방하는 효과가 있어 꾸준히 먹으면

질병을 예방할 수 있다. 특히 브로콜리 싹에는 비타민 A의 전구물체인 베타카로틴이 다량 들어 있어 면역력 증진은 물론 야맹증에도 좋다.

넷째, 비타민 C가 레몬의 2배, 감자의 7배나 더 많이 들어 있다. 또한 빈혈을 예방하는 철분 함량도 100g 중 1.9mg으로 야채 중에서 단연 으뜸으로 이는 다른 야채보다 2배나 많은 양이다. 특히 브로콜리의 풍부한 식이섬유는 장 속의 유해물질을 흡착해 몸 밖으로 배출시키는 작용을 하여 대장암 예방에 탁월한 효과가 있다.

다섯째, 활성산소를 억제하여 노화를 막는다. 우리 몸속에 활성산소가 쌓이면 노화를 촉진하는데, 활성산소는 음식이 소화되고 흡수되는 과정에서 발생한다. 브로콜리는 활성산소를 억제하는 효능이 탁월하고 해독작용도 뛰어나서 노화를 예방하는 효과가 크다.

❣ 야콘

야콘의 효능은 다음과 같다.

첫째, 야콘에 함유된 인슐린은 당뇨의 예방뿐만 아니라 치료 효과까지 있다.

둘째, 폴리페놀은 항산화물질로서, 콜레스테롤을 감소시키며 동맥경화 예방에 효과가 있다.

셋째, 야콘 무게의 약 10%를 차지하는 프락토 올리고당은 체내 소화 흡수가 느리고 적어서 비만증을 예방하며 단맛을 즐길 수 있다.

넷째, 야콘에 함유된 풍부한 식이섬유는 장내 비피더스균 등을 증가시켜 만성변비에서 벗어나게 하고 나아가서는 면역성도 강화시킨다.

다섯째, 미네랄 특히 칼륨을 많이 포함하고 있어 체내 나트륨 양의 밸런스를 맞춰 혈압을 낮추는 효능이 있다. 그 외 칼슘, 마그네슘 등도 풍부한 알칼리성 식품으로 골다공증 예방에도 효과가 있다.

여섯째, 알칼리성 식이섬유가 풍부하고 저칼로리이기 때문에 다이어트 식품으로 널리 이용되고 있다. 주로 배고플 때나 저녁식사 대신 먹기도 했다. 우유와 1:1의 비율로 주스를 만들어 먹으면 아주 맛있다.

수수

쌀, 현미, 통보리, 통밀, 수수, 차조, 율무 등 대표적인 몇 가지 곡류를 가지고 항돌연변이 및 항암 효과에 대한 연구를 실시한 결과 수수의 항돌연변이 효과가 가장 우수했다고 한다. 수수의 항돌연변이 효과는 무려 86%로 현미(60%)보다 더 뛰어나다는 것이다. 뿐만 아니라 수수의 추출물을 가지고 발암을 억제하는 효과까지도 밝혀냈다.

이처럼 수수가 암 예방에 효과적인 이유는 수수에 들어 있는 타닌과 페놀성분이 항돌연변이 및 항산화 작용, 항암 작용을 하기 때문이다. 또한 수수는 이뇨작용이 탁월하고 신진대사를 도와주고 해독작용을 하므로 술독이나 약물 중독증을 해독시켜 준다.

❣ 고구마

고구마에는 모든 노폐물을 청소하는 데 도움이 되는 섬유질이 풍부하다. 또한 칼슘의 손실을 방지하고 근육을 단단하게 하며 호르몬을 전환시키는 효능을 가지고 있다.

고구마에는 섬유질뿐만 아니라 수지배당체인 하얀 수지성분(고구마를 자르면 하얗게 나오는 진)이 배변을 도와주므로 변비 예방 및 치료에 매우 효과적인데 껍질째 고구마를 찌거나 삶아서 먹으면 탈도 나지 않는다. 고구마는 배변을 좋게 하기 때문에 피부가 좋아지게 한다.

고구마에는 혈중 콜레스테롤을 낮추는 약인 콜레스티라민과 유사한 효과를 나타내는 성분이 들어 있다. 고구마의 식물섬유는 다른 28종류의 야채 및 과일의 식물섬유 가운데 가장 큰 콜레스테롤 포획력을 가지고 있는 것으로 연구 · 보고되고 있다.

❣ 기타

그밖에 묵(메밀묵, 도토리묵)과 멸치, 다시마 등

❣ 다이어트 이후의 요요현상 없는 식단

다이어트한 지 벌써 5년이 되었지만 요요현상 없이 계속 유지할 수 있는 것은 꾸준한 운동과 식습관 때문이다. 비교적 정해진 시간에 식사를 하며, 특별한 경우가 아니면 거의 외식은 하지 않는다.

그리고 가능하면 저녁 6시 이후에는 음식물 섭취를 금한다. 하지만 늦은 밤에 그래도 뭔가 먹고 싶을 때는 내가 많이 하는 방법으로 김치 몇 조각을 물에 씻어 먹으면 입안이 개운해지면서 먹고 싶은 욕구가 없어진다.

현재의 식단은 다음과 같다.

· 아침 : 삶은 계란 1개(흰자만), 사과 1개(계절 과일로 대체)

· 점심 : 현미밥 1/2공기, 나물, 멸치, 야채 쌈(상추, 고추, 배추, 다시마 등 여러 가지), 식초에 절인 마늘.
일주일에 생선(고등어와 같은 등 푸른 생선)은 두 번, 육류는 한 번 정도 먹는다.

· 저녁 : 생청국장 1/4공기, 고구마(150g), 야채(양배추, 여러 가지의 새싹, 비트, 브로콜리) 작은 한 접시.
야채를 대신해서 야콘 한 접시(중간 접시)를 먹기도 한다.

이 식단이 지겨울 때는 한 끼 정도는 평소 먹고 싶었던 음식으로 대체한다. 그리고 생청국장이 먹기 힘들 때에는 김에 싸먹으면 색다른 맛을 느끼게 된다.

예전의 음식량과 비교하면 절반으로 줄었는데 중요한 것은 절대적으로 음식량을 줄여야 한다는 것이다. 그리고 음식을 오래 씹다 보면 자연적으로 천천히 먹게 된다.

집에서는 큰 접시에 반찬을 뷔페식으로 덜어 먹는다. 그래야 반찬을 적게 먹게 되기 때문이다. 특히 배부르지도, 배고프지도 않

도록 적당히 먹어야 하는데 참 어려운 일이다.

결국 다이어트는 나 자신과의 전쟁이다. 모든 것은 마음먹기 나름이다. 그리고 잊지 말아야 할 것은 식이요법은 기본이고, 운동은 필수라는 걸!

행복다이어트 · 05

운동 칼로리표

❣ 운동별 칼로리 소모량(kcal)

종 류	운동명(10분 동안 했을 때)	50kg	60kg	70kg
가벼운 운동	산책하기	22	26	30
	자전거 타기(보통의 속도로)	31	34	43
	스트레칭 체조	21	25	29
	춤추기	34	41	48
	볼링	25	33	35
	요가	21	25	29
	골프연습장	31	37	43
	골프	31	41	48
중간 정도의 운동	에어로빅 운동	42	52	59
	계단 오르내리기	48	58	68
	팔 굽혀 펴기	32	42	49
	자전거 타기(빠른 속도로)	37	44	52
	스키	59	70	82
	탁구	50	60	70
	테니스	60	72	84
	배드민턴	59	70	82
	배구	59	70	82
힘든 운동	수영(자유형)	145	174	204
	수영(접영)	184	220	258
	조깅(천천히 뛰기)	79	94	110
	농구	67	80	93
	윗몸 일으키기	72	86	101
	줄넘기	75	89	104

❣ 30분간 칼로리 소모량(kcal)

종 목	30분간 칼로리 소모량
가벼운 걷기	90
골프(평탄코스)	135
배드민턴	173
맨손체조	210
가벼운 정원손질(잡초 뽑기 등)	135
빨리 걷기	150
승마	173
본격적인 정원손질(땅 갈기 등)	210
가벼운 달리기	240
스케이트	240
스키(크로스컨트리)	270
축구	270
핸드볼	300
자전거 타기	330
테니스	240
스키(내리막길)	240
보트 젓기	270
미식축구	270
격렬한 달리기	315
수영	360

❣ 일상생활의 칼로리 소모량(kcal)

종 목	kcal/hr
다림질	65
빨리 걷기	114
자전거 타기	92
이불 개기	114
청소하기	69
요리하기	68
만원전철 타기	53
컴퓨터게임	44
잠자기	24
춤추기	150
목욕	84
천천히 걷기	80
계단에서 뛰어오르기	188
계단 오르내리기	141
아이쇼핑	65
마루 닦기	114
운전	41
공부하기	4
먹기	38
노래	41
웃기	33

❣ 각종 활동에 따른 칼로리 소모량(kcal)

종 목	kcal/hr
등산	196
조깅	196
수영(평형)	273
에어로빅	126
스키	186
볼링	90
배구	200
야구	180
수상스키	200
줄넘기	224
수영(자유형 : 빠르게)	518
파도타기	176
테니스	176
농구	200
소프트볼	90
탁구	200
사이클	111
피구	102

참·고·미·사·부·부·의·행·복·편·지

우리 남편이 달라졌어요!

(아내)

초판 1쇄 인쇄 2010년 3월 5일
초판 1쇄 발행 2010년 3월 10일

지은이 | 이성만♥김인자 부부
펴낸이 | 金泰奉
펴낸곳 | 한솜미디어
등 록 | 제5-213호

편 집 | 박창서, 김주영, 김미란, 이혜정
마케팅 | 김영길, 김명준
홍 보 | 장승윤

주 소 | (우143-200) 서울시 광진구 구의동 243-22
전 화 | (02)454-0492
팩 스 | (02)454-0493
이메일 hansom@hansom.co.kr
홈페이지 www.hansom.co.kr

값 10,000원
ISBN 978-89-5959-225-8 (03800)

*잘못 만들어진 책은 구입하신 서점에서 친절하게 바꿔드립니다